Wildtiere in Gefahr

Kurt Orth

WILDTIERE IN GEFAHR

Zum Andenken an den großen Tierfreund, Direktor des Frankfurter Zoos, Tierfilmer und Autor Bernhard Grzimek

INHALTSVERZEICHNIS

1 EINLEITUNG

In Zeiten der totalen Überbevölkerung der Erde ist es höchste Zeit uns zu fragen, wie gehen wir mit den Wildtieren um und welche Bedeutung haben sie für uns. Schauen wir uns die Fernsehprogramme an oder die Liste an Büchern zum Thema Tiere, erscheint alles in bester Ordnung. Alle paar Meter gibt es einen Tierschutzverein, und etliche Organisationen versprechen das Tierwohl. Überall sehen wir Frauchen und Herrchen, die Ihre Hunde ausführen und in jedem Supermarkt ist das Menüangebot für Bellos und Muschis fast größer wie für die Zweibeiner.

Das Fernsehen berieselt uns reichlich mit Berichten über die Tierwelt aus aller Welt, selbst die Bücher dazu werden noch leidlich gelesen. Auch der Gesetzgeber hat sich der Rechte der Tiere angenommen, sie sind keine Sache mehr.

Hier könnte ich eigentlich Schluss machen, es sieht ja alles bestens aus.

Oder?

Kurt Orth

Die Wirklichkeit

Leider sieht es in Wahrheit überhaupt nicht so gut aus mit der Zukunft der meisten Wildtiere auf unserem Planeten. Kommerz, aber auch Gedankenlosigkeit drängt die meisten Tierarten an den Rand des Aussterbens oder darüber hinaus. Nach aktuellem Stand sind über ein Fünftel aller Wirbeltiere und über ein Viertel aller Nichtwirbeltiere akut vom Verschwinden von der Erde bedroht.

So bedrohlich diese Zahlen auch sind, sie sind erst der Anfang.

So mancher wird sich sagen „was juckt es mich, wenn Maus Soundso und Mücke irgendwas von der Erde verschwinden".

Es sollte uns alle jucken, unser Überleben als Menschen hängt von sehr vielen Tierarten ab. Sei es als Fleischlieferant oder als Bestäuber unserer Nutzpflanzen.

Auch die Medizin ist auf eine hohe Biodiversität (Vielfalt des pflanzlichen und tierischen Lebens) angewiesen. Noch viele Wirkstoffe in Pflanzen und Tieren harren ihrer Entdeckung. Zum Beispiel wurden wirksame Substanzen gegen Krebs in Skorpion und Schlangengiften nachgewiesen. Und das ist nur eines von vielen Beispielen. Leider wird vieles für uns vielleicht Überlebenswichtigem vor der Entdeckung von der Erde verschwunden sein.

Von einer lebenswerten Umwelt ganz zu schweigen. Wie arm wäre unser Leben ohne Vögel, Schmetterlinge und die ganzen Säugetiere.

Durch die Überfischung der Meere, Vergiftung der Flüsse, riesige Mengen an Insektiziden und einfach dem gewaltigen Landverbrauch durch die immens wachsende Erdbevölkerung, wird es für alle Tierarten und irgendwann auch für den Menschen immer dünner auf der Erde.

Im Folgenden will ich einige Tierarten stellvertretend und die Ursachen ihrer Gefährdung aufzählen. Diese Auswahl ist nicht im entferntesten vollzählig, dass wäre für mich nicht zu schaffen und auch nicht notwendig. Diese repräsentative Auswahl soll lediglich das Ausmaß des Problems verdeutlichen.

Diese Aufzählung soll kein Buch über die Tiere der Erde sein, dass wäre in diesem Umfang nicht machbar. Hier möchte ich einige Arten stellvertretend aufzählen, und auf ihre Probleme aufmerksam machen.

Afrikanischer Elefant

Diesem größten aller Landsäugetiere wird vor allem seine Lebensweise zum Verhängnis. Durch seinen großen Nahrungsbedarf und das ebenso große Bedürfnis nach Wasser ist er ständig auf der Suche nach Futter und richtet dabei erhebliche Schäden an der Vegetation an. Dadurch ist er gezwungen, ständig neue Gebiete aufzusuchen. Bedingt durch die rasante Vermehrung der Menschen, ist das Heute nicht mehr möglich.

Ein Tier von bis zu sieben Tonnen Gewicht hat im heutigen Afrika kaum noch einen Lebensraum. Überall kommt es zu Konflikten mit den Menschen.

Ernten werden vernichtet und die Nutzpflanzen zertrampelt. Heute lebt er daher nur noch in extra ausgewiesenen Schutzgebieten. Allerdings lassen sich diese Kolosse nicht so einfach einsperren. Immer wieder werden die Zäune niedergerissen und das benachbarte Land der Bevölkerung aufgesucht.

Dadurch kommt es naturgemäß ständig zu Konflikten, und der Abschuss wird gefordert. Da er außer dem Menschen kaum natürliche Feinde hat, wird ihre Zahl in den Schutzgebieten immer wieder zu hoch. Als einzige Option bliebe dabei der Abschuss einer gewissen Anzahl von Tieren. Dagegen laufen jedoch die Tierschützer Sturm. Denen wird ja auch keine Ernte zertrampelt.

Wird im wohlhabenden Europa das Wild gnadenlos dezimiert, um die Erträge von Waldbesitzern zu steigern, regt sich kein Tierschützer auf. Im armen Afrika sollen die Menschen das bisschen Nahrung mit den wachsenden Elefantenherden teilen. Den Tierschützern wird ja auch keine Nahrung streitig gemacht.

Wenn die Bevölkerung Afrikas weiter so wächst, haben die Elefanten und viele andere Wildtiere keine Überlebenschance.

Die Tierschützer überall in der Welt prangern den Elfenbeinhandel und die Großwildjagd als Ursachen des Rückganges der Elefanten an.

Diese sind keineswegs die Ursachen des Rückganges, führen jedoch zu einem anderen Problem für die Elefanten. Elfenbeinwilderer und Großwildjäger haben es naturgemäß auf die Träger mit den größten Stoßzähnen abgesehen. Durch deren Abschuss degeneriert langfristig die gesamte Art. Bei allen Tieren vererben sich die stärksten Männchen vorrangig. Und dieses sind beim Elefanten nun einmal diese mit den längsten Stoßzähnen. Diese können immerhin bis zu drei Meter lang werden, bei einem Gewicht von bis zu hundert Kilogramm. Wahrlich eine verlockende Beute für die gut organisierten Wilderer Banden. Das Verbot des Handels mit Elfenbein hat diese Wilderei keineswegs eingeschränkt.

Ein besserer Weg wäre es, das Elfenbein von diesen Elefanten, die ohnehin wegen ihres zu hohen Bestandes abgeschossen werden müssen, billig auf den Markt zu bringen. Dadurch würde das Geschäftsmodell der Wilderer und ihrer Abnehmer an Lukrativität verlieren. Leider ist im Tierschutz logisches Denken nicht sehr stark verbreitet, die Dummen sind dann die Tiere.

Es wäre sehr schade, wenn es in ferner Zukunft Elefanten nur noch in Zoos zu bewundern gäbe.

Leider ist aus den genannten Gründen dieser Tag nicht mehr so fern.

Aldabra Riesenschildkröte

Als einzige Art unter den Seychellen-Riesenschildkröten hat es nur noch die Aldabra Riesenschildkröte in die heutige Zeit geschafft. Die anderen Arten wurden schon lange vom Menschen ausgerottet. Sie ist auch die einzige unter den Riesenschildkröten, die zurzeit nicht vom Aussterben bedroht ist. Durch ihr enges Verbreitungsgebiet hat das aber nicht viel zu sagen. Durch eine Naturkatastrophe ist so eine eng begrenzte Population sehr schnell gefährdet. Zum Glück gibt es für den Fall der Fälle eine sehr hohe Zahl an Tieren in Zoos und privater Haltung. Der Schutz im Lebensraum stellt Angesichts des Wachstums der Weltbevölkerung keine Garantie des Überlebens mehr dar. Das trifft für einen sehr großen Teil der wildlebenden Tiere zu.

Das wird von den Naturschutzverbänden und Tierschützern und ihren Organisationen leider nicht so gesehen.

Die Männchen dieser Schildkrötenart können bis 120 cm groß werden, die Weibchen bleiben ein ganzes Stück kleiner.

Hoffen wir, dass sich ihre Situation auf absehbare Zeit nicht ändert und sie nicht das Schicksal ihrer nahen Verwandten teilen muss.

Amazonas Delphin

Unter den Flussdelfinen ist der Amazonas Delphin am wenigsten bedroht. Diese Art erreicht eine Körperlänge von bis zu drei Metern bei einem Gewicht bis zu 160 Kilogramm. Anders als seine Verwandten im Meer lebt er einzelgängerisch. Sind die Jungtiere noch silbergrau gefärbt, glänzen die Erwachsenen in zartem rosa. Seine behaarte Schnauze ist einzigartig unter den Flussdelphinen.

Da seine Augen nicht sehr leistungsfähig sind, ist er auf die Echoortung bei der Beutesuche angewiesen. Wenn er auch im Augenblick wenig bedroht erscheint, kann sich das sehr schnell ändern. Die Fischer verfolgen ihn als Konkurrenten und so manch ein Delphin verfängt sich in den Fischernetzen. Durch die immer stärkere Verschmutzung seiner Gewässer und wasserbauliche Maßnahmen besteht langfristig doch eine Gefahr für den Fortbestand.

Bartgeier

Nachdem dieser beeindruckende Vogel fast bis zur Ausrottung verfolgt wurde, hat sich die Sichtweise auf ihn glücklicherweise gewandelt. Wie alle Geier Europas wurde er fälschlich als Feind der Schafe angesehen und ausgemerzt. Nun versucht man ihn mit großem Aufwand wieder heimisch zu machen.

Mit einer Flügelspannweite von bis zu 290 cm bei einem Gewicht bis zu sieben Kg ist er eine imposante Erscheinung. Namensgebend für ihn sind die Federn unter dem Schnabel.

Er lebt nicht, wie fälschlicher Weise angenommen wurde, von jungen Schafen. Seine ungewöhnliche Nahrung besteht überwiegend aus Knochen. Sind diese zu groß, werden sie aus großer Höhe abgeworfen und die Bruchstücke aufgesammelt. Seit einigen Jahren wird dieser Geier gezüchtet und die Jungen ausgewildert. Auf diesem Wege wird versucht, ihn auch in Europa wieder heimisch zu machen. Leider verunglücken mittlerweile viele in den Windkraftanlagen, die ja für viele Vögel zur tödlichen Falle werden.

Bengalen Waran

Auch diesen Waran konnten wir während unserer Reisen nach Sri Lanka öfters beobachten. Während der Bindenwaran fast immer in der Nähe oder in den Gewässern beobachtet wird, ist der Bengalen Waran eher ein Bewohner der trockeneren Gebiete. Er ist mit einer durchschnittlichen Länge von 150 cm deutlich kleiner wie der Bindenwaran.

Auch ist er nicht so kräftig gezeichnet wie dieser, sondern ist eher grau bis dunkel mit hellerem Muster.

Dieses verschwindet im Alter jedoch vollkommen.

Wenn er auch in erster Linie ein Bodenbewohner ist, konnten wir einzelne Tiere auch auf Bäumen beobachten. Als Allesfresser jagt er alles, was in der passenden Größe ist, wir konnten ihn auch öfters bei der Suche in Abfallhaufen sehen.

Die etwa 20 Eier werden bevorzugt in Termitenhügeln abgelegt, manchmal auch im Holz morscher Bäume.

Über eine Zeitungsanzeige erfuhr ich vor vielen Jahren von zwei Bengalen Waranen, die abzugeben waren. Der Besitzer hatte sie als Babys im Zoohandel gekauft und sich kein Bild von der zu erreichenden Größe gemacht. Leider passiert so etwas immer wieder und die Tiere sind die Dummen.

Warane hatten mich schon immer fasziniert, aber da damals noch nicht viel über die Haltung bekannt war, hatte ich es gelassen. Um die beiden Bengalen Warane nicht einem ungewissen Schicksal zu überlassen, haben wir sie übernommen.

Wer einmal einem Waran in die Augen gesehen hat, ist beeindruckt von dem wachen und intelligenten Wesen dieser urtümlichen Echsen. Einige schließen sich in kurzer Zeit eng an ihren Pfleger an und das Verhältnis von Halter und Waran ist wie bei Hunden.

Diese eindrucksvollen Echsen waren zu dieser Zeit lediglich in einigen Zoologischen Gärten zu bewundern und das auch nur sehr selten und in wenigen Arten. Da über die Pflege, wie erwähnt noch überhaupt nichts bekannt war, musste ich durch genaues Beobachten herausfinden, wie die Bedingungen für die Tiere sein mussten. Dieses war mir auch gut gelungen und ich hatte die ersten Gelege von Bengalen Waranen in Europa zu betreuen.

Damit war ich aber leider überfordert, niemand wusste etwas über die Bedingungen zum Ausbrüten und die Eier verdarben. In späteren Jahren, mit einer größeren Zahl an Waran Haltern, wurden diese Probleme gelöst und heute werden viele Arten gezüchtet.

Die Bengalenwarane waren trotz ihrer Größe von eineinhalb Metern ganz friedliche Hausgenossen.

Selbst unser Sohn, der gerade einmal vier Jahre alt war, hatte keine Angst vor diesen Riesenechsen. Bei Sonnenschein hat er mit ihnen auf der Terrasse gespielt und dass, obwohl sie länger waren als er selbst.

Leider wird auch diese Art im größten Teil ihres Verbreitungsgebiets als Leder- und Fleischlieferant bejagt, aber auch in der traditionellen Medizin verarbeitet. Dadurch ist er mittlerweile zur bedrohten Art geworden.

Bengaltiger

Dieses gewaltige Raubtier ist als Fressfeind des Menschen besonders verschrien. Gefressen werden ist für uns moderne Menschen etwas außerhalb unserer Vorstellungskraft. Wir verzehren gerne andere Tiere, der umgekehrte Fall erfüllt uns mit Entsetzen.

Aufgrund seiner imposanten Erscheinung wird er auch Königstiger genannt. Durch die sehr starke Verfolgung sind von 40000 im letzten Jahrhundert nur noch etwa 2500 Exemplare verblieben.

Die mächtigen Männchen erreichen ein Gewicht von bis zu 300 kg bei einer Schulterhöhe von etwa 100 cm. Die Weibchen bleiben mit bis zu 180 kg und 80 cm deutlich kleiner.

Er erbeutet in erster Linie große Säugetiere, die er nach lautlosem Anschleichen durch einen Biss in den Hals tötet. Da er ungefähr 8000 Gramm Fleisch pro Tag benötigt, ist er zu häufigem Jagen gezwungen. Das macht ihn für seine Jäger zur einfachen Beute.

Ursprünglich besiedelte er den ganzen Indischen Subkontinent, heute lebt er nur noch in kleinen Gebieten.

In diesen ausgewiesenen Nationalparks wurden Kern- und Pufferzonen ausgewiesen. Dadurch sollen Konflikte minimiert werden.

Immer wieder kam es zu Konflikten zwischen Mensch und Tiger, wenn Haustiere oder gar Menschen getötet wurden. Aus Wut töteten dann die Menschen viele Tiger, wodurch sie fast ausgerottet wurden.

So mussten dann die Tiger dafür büßen, dass die Menschen immer weiter in den Lebensraum der Tiger eindrangen.

Ein Problem, dass viele Tiere auf der Welt betrifft. Wir nutzen vermehrt den Lebensraum der Wildtiere und bestrafen sie für ihr Dasein.

Biber

Auch der Biber stand in Mitteleuropa schon kurz vor der Ausrottung. Da er Dämme baut, um das Wasser anzustauen, war er Förstern und Bauern ein Dorn im Auge. Auch als Pelztier war er sehr geschätzt und intensiv bejagt. Die Kirche war schon immer sehr erfinderisch, wenn es um ihren Vorteil ging. Sie hat den Biber kurzerhand zum Fisch erklärt, schon gab es eine leckere Fastenspeise.

Er ist ein Nagetier und nach dem südamerikanischen Wasserschwein auch das Zweitgrößte. Neben dem Europäischen Biber gibt es noch den Kanadischen Biber, der unserem wie ein Ei dem anderen gleicht.

Mit Schwanz werden sie etwa 65 cm Lang bei einem Gewicht von über 35 Kilogramm.

Das braune Fell ist sehr dicht, und wird vom Biber sorgfältig gepflegt. Immerhin muss es ihn im Wasser immer schön warm und trocken halten.

Wie dem Fischotter wurde ihm dieses dichte Fell fast zu Verhängnis. Da es sehr begehrt war, wurde der Biber entsprechen stark bejagt.

Als Pflanzenfresser lebt er von allerhand Grünzeug. In Bayern habe ich seine Spuren in Maisäckern gesehen, wo er ordentlich abgeräumt hatte. Durch seine Wühltätigkeit ist er bei den Landwirten ohnehin nicht sehr beliebt. So mancher Feldweg wird unterhöhlt, und wenn dann noch eine Wiese durch einen Biberdamm unter Wasser steht, ist große Gegenliebe vorprogrammiert. Für den Winter dient Baumrinde als Notzehrung.

Besonders spektakulär fallen in Bibergebieten die gefällten Bäume ins Auge. Da es sich dabei ausschließlich um Weichhölzer handelt, spielt der wirtschaftliche Schaden dabei keine Rolle.

Wir haben die letzten Jahrhunderte der Natur so viel Fläche abgenommen, gönnen wir doch dem Biber etwas neu gewonnene Wildnis. Immerhin profitieren noch eine Menge andere Arten von den neu vernässten Flächen.

Bindenwaran

Auf zwei Reisen nach Sri Lanka hatten wir das Vergnügen, diese eindrucksvollen „Drachen" in freier Wildbahn zu beobachten. Angeblich kann er bis zu drei Meter lang werden, in der Regel gelten Bindenwarane mit 230 cm schon als große Exemplare. Vor gut dreißig Jahren hatten wir das Vergnügen, einen Bindenwaran als Haustier zu pflegen. Es ist erstaunlich, wie anhänglich diese intelligenten Echsen werden können. Sie hören auf ihren Namen und lernen ihren Pfleger genau kennen. Leider werden sie für eine dauerhafte Pflege viel zu groß, daher kommen sie für die allermeisten Terrarianer überhaupt nicht in Frage.

Schon an ihrem abgeplatteten Schwanz erkennt man ihre Vorliebe für das nasse Element. Sehr ausgiebig konnten wir sie im Kandy See bei der Nahrungssuche beobachten.

Den Namen verdankt der Bindenwaran den Querbinden, die ringartig über den Rücken verlaufen. Er wird lediglich vom Komodowaran im Gewicht übertroffen, dieser ist wesentlich massiger wie der schlanke Bindenwaran. Er lebt bevorzugt am und in der Nähe des Wassers, wo er einen großen Teil seiner Nahrung findet.

In vielen Internetforen kann man die Kommentare von schlauen Leuten lesen, der Bindenwaran wäre völlig unmöglich zu pflegen. Er wäre aggressiv und bräuchte ein riesiges Terrarium. Ein übliches Phänomen im Internet, viele schreiben etwas vom Hörensagen und haben keinen blassen Schimmer davon. Vor etlichen Jahren kannten wir einige Leute, die diesen Waran gepflegt haben.

Diese Tiere waren sehr zahm, fast anhänglich, und machten nicht den Eindruck unglücklich zu sein. Wer einen großen Hund in der Wohnung hält, hat nicht weniger Aufwand. Wenn jemand genug Platz hat und die recht hohen Kosten für die Beheizung des Zimmers nicht scheut, ist wenig gegen die Haltung zu sagen. Wenn jetzt ganz Schlaue kommen und etwas von Artenschutz murmeln, Bindenwarane werden jährlich zu Zehntausenden zu Leder verarbeitet.

Solange sich daran nichts ändert, ist gegen wenige

Warane im Terrarium nichts Vernünftiges zu sagen.

Durch die immer noch starke Nutzung in der Lederwarenindustrie ist der Bindenwaran in seinem Bestand gefährdet. Dabei spielten die einzelnen Tiere, die früher zur Terrarienhaltung gefangen wurden, absolut keine Rolle. Durch seinen Schutzstatus wird er heute als Terrarientier nicht mehr gehandelt, als Leder aber noch zu Tausenden.

Das entlarvt den Artenschutz mit seinen manchmal eigenartigen Bestimmungen als recht stumpfes Schwert.

Gänsegeier

Afrikanischer Elefant

Breitmaulnashorn

Breitmaulnashorn, Fischotter

Fischotter, Edelkrebs

Breitmaulnashorn

Unter allen großen Säugetieren steht es wohl um die Nashörner am schlechtesten.

Hauptbedrohung ist die Wilderei für den illegalen Handel. Gerade die letzten Jahre ist die Nachfrage nach den Hörnern dieser Tiere dramatisch angestiegen.

Selbst in Europa werden schon wissenschaftliche Sammlungen und Zoos heimgesucht, um die wertvollen Hörner zu erbeuten.

Immerhin ist der Preis dafür doppelt so hoch wie für Gold.

Die letzten zehn Jahre wurden über tausend Nashörner in Afrika abgeschlachtet. Damit ist das Ende für alle Nashornarten in freier Wildbahn abzusehen. Die Wilderer Banden schrecken auch vor Mord nicht zurück, der hohe Gewinn beseitigt alle Skrupel.

Es gab zwei Unterarten von Breitmaulnashörnern. Das vermutlich ausgestorbenen Nördliche Breitmaul Nashorn und das Südliche Breitmaulnashorn, welches hauptsächlich in Südafrika lebt.

Alle Nashörner sind reine Vegetarier, aufgrund ihres leicht reizbaren Wesens jedoch mit Vorsicht zu genießen. Wenn 2300 kg Gewicht angreifen, ist Vorsicht angesagt. Um dieses Gewicht aufrecht zu erhalten, müssen sie über die Hälfte des Tages grasen.

Mit seinen zwei Hörnern aus Keratin, von welchen das Vordere 100 cm lang wird, ist es für die Wilderer eine verlockende Beute.

Leider haben die Händler dieser Hörner eine besonders perfide Geschäftsidee entwickelt. Durch das Kalkül, gibt es keine Nashörner mehr, steigen die Preise gigantisch. Daher ist es nicht mehr das alleinige Ziel, Nashörner zur Erbeutung der Hörner zu wildern. Sie sollen ausgerottet werden. Daher werden auch die Nashörner getötet, denen das Horn zu ihrem Schutz abgeschnitten wurde. Vermutlich lagern bei diesen Händlern sehr große Mengen an Nashorn.

Wenn es der Völkergemeinschaft nicht gelingt, den Handel mit Nashorn zum Erliegen zu bringen, werden in den nächsten Jahren die letzten Nashörner aus der Wildbahn verschwunden sein.

Eisbär

Dieses neben dem Kodiakbären größte Landraubtier der Erde wird wohl in Zukunft durch eine zum Teil natürliche Klimaerwärmung in ziemliche Schwierigkeiten kommen. Die Eismassen der Arktis nehmen kontinuierlich ab und er wird von seinem

Futter, hauptsächlich Robbenarten, abgeschnitten. Bei einer Größe von über zwei Metern und einem Gewicht bis zu 350 Kilogramm brauchen sie auch einiges an Nahrung.

Durch ihre dicke Speckschicht und dem dichten Fell ist er gut gegen die extreme Kälte seines Lebensraumes geschützt.

Anders wie viele andere bedrohten Arten, ist der Eisbär stark im Blickwinkel der Tierfreunde vorhanden. Ob die starke und auch eingeschränkte Sicht auf einige Lieblingsarten sinnvoll ist, wage ich zu bezweifeln.

Vielleicht verschwinden daher die nicht so spektakulären oder beliebten Arten aus der Aufmerksamkeit.

Da zurzeit noch etwa 30000 Eisbären leben, ist ihre Situation bei weitem nicht so prekär wie bei anderen stark bedrohten Arten. Vermutlich spielt bei der sehr großen Aufmerksamkeit für diese Raubtierart das Kindchenschema eine nicht untergeordnete Rolle.

Nichts desto Trotz wäre es schade, wenn dieses imposante Raubtier irgendwann verschwinden würde.

Europäische Sumpfschildkröte

Diese akut vom Aussterben bedrohte Art erfährt leider nicht die gleiche Aufmerksamkeit wie der Eisbär. Dabei hätte sie diese Aufmerksamkeit dringend nötig.

Noch vor fünfzig Jahren sah die Situation für diese Schildkröte in Europa recht gut aus. Allerdings waren die deutschen Vorkommen auch damals schon fast erloschen.

In der Zwischenzeit sind auch sehr viele Europäische Bestände verschwunden. Gerade das Verfüllen kleinerer Tümpel hat sich schlimm für die Schildkröten ausgewirkt. 1980 konnten wir beispielsweise in Istrien noch in vielen Gewässern diese Art beobachten. Zehn Jahre später war es schon eine Sensation noch eine zu sehen. Und so sieht es leider fast überall aus.

Dabei ist sie im Bezug auf ihren Lebensraum sehr anspruchslos und ist auch mit recht kleinen Tümpeln zufrieden. Selbst ein zeitweises Austrocknen des Gewässers macht ihr nichts aus. Sie kann dann Wochenlang im Schlamm überdauern.

Ihr Ernährungsspektrum ist sehr breit gefächert, selbst in ungünstigen Tümpeln finden sie noch ihr Auskommen. Wirbellose, kleine Fische und Wasserpflanzen gehören zu ihrer Nahrung.

Die letzten Jahrzehnte wurden in Deutschland große Anstrengungen unternommen, die Art zu erhalten.

Hunderte Schildkröten wurden gezüchtet und in geeignete Gewässer ausgewildert.

Nach anfänglichen Erfolgen ist jedoch Skepsis angesagt.

Durch die ungebremste Ausbreitung des Waschbären ist alles in Frage gestellt.

Dachte man anfangs noch, der Waschbär würde nur die Jungtiere fressen, hat sich in der Zwischenzeit herausgestellt, dass auch die erwachsenen Schildkröten von diesem Neozoen erbeutet werden.

Den Freunden des Waschbären ist das gleichgültig, ohne Gegenbeweis wird es einfach geleugnet.

Selber hatte ich jahrelang eine größere Gruppe von Sumpfschildkröten in einem geräumigen Freilandterrarium gepflegt und auch gezüchtet. Eines Nachts hatten Waschbären die Absperrung überwunden und alle Sumpfschildkröten getötet.

Es wurde aller höchste Zeit, dass die EU diesen extrem schädlichen Invasoren auf die Liste der zu bekämpfenden fremden Arten gesetzt hat. Als seit Jahrzehnten aktiver Tier- und Artenschützer sind mir die gravierenden Folgen durch den Waschbären bestens bekannt. Vogelnester werden zu Zehntausenden geplündert und unzählige Tiere in ihrem Bestand bedroht.

Flusskrebse und Europäische Sumpfschildkröte haben wie viele andere Arten keine Überlebenschance, wenn der Waschbär sich weiter ausbreitet. Auch der Kranich wird als Bodenbrüter sehr schnell bedroht sein. Das Obstbäume und andere Kulturpflanzen geplündert werden, scheint die Freunde des Waschbären nicht zu jucken. Die Schäden an Gebäuden ohne hin nicht, solange es nicht Ihre Gebäude sind.

Wie kann sich jemand Tierschutzverein oder tierfreundlich nennen, wenn ihm die Wildtiere anscheinend vollkommen egal sind. Auch die nicht so possierlichen Arten sind Tiere, aber vielen anscheinend nicht schützenswert genug. Wenn dann auch noch jung aufgefundene Waschbären aufgepäppelt und wieder ausgewildert werden, ist das eine strafbare Handlung.

Wie das Herunterspielen gesundheitlicher Risiken durch Waschbären zu bewerten ist, überlasse ich dem Leser. Der Waschbär gehört mindestens genau so rigoros bekämpft wie die Wanderratte. Genau genommen noch stärker.

Die Wanderratte vermehrt sich nur durch unvernünftiges Verhalten der Menschen so stark. Der Waschbär schafft das auch alleine. In dem Buch (Invasion aus unserer Welt) sind die Probleme mit vielen Neubürgern detailliert beschrieben. Im Herkunftsland des Waschbären wird er ebenfalls immer stärker zum Problem. Da er als Pelztier kaum noch eine Rolle spielt, wird er nicht mehr genügend bejagt. Als Kulturfolger vermehrt er sich jedoch extrem stärker, wie unter natürlichen Bedingungen.

Dadurch wird er in seinem Heimatland mittlerweile als Pest auf vier Beinen angesehen.

Auch die in den letzten Jahren stark angestiegenen Zahlen der Wildschweine stellen eine große Gefahr für die Sumpfschildkröte dar. Durch ihren guten Geruchssinn finden sie deren Gelege und fressen sie auf.

So sind die Aussichten für dieses Reptil mehr wie düster.

Waschbär

Europäischer Nerz

Dieser mittelgroße Marder erreicht eine Körperlänge von etwa vierzig Zentimetern bei einem Gewicht
von 700 Gramm. Dabei sind wie bei allen Mardern
die Männchen deutlich größer und schwerer wie

die Weibchen. Sein dichtes Fell war schon immer sein Verhängnis, wegen diesem wurde er sehr stark bejagt.

Das führte zu einem gewaltigen Rückgang der Bestände, war jedoch nicht existenzbedrohend.

Seine Hauptfeinde sollten jedoch extreme Tierschützer werden.

Nach dem die Bestände des Europäischen Nerzes sehr klein geworden waren, haben Biologen und Artenschützer Erhaltungsprogramme zur Rettung dieses seltenen Marders gestartet. Die Gezüchteten Nerze sollten dann wieder ausgewildert werden. Das hat sich aber mittlerweile zerschlagen.

Übereifrige und kriminelle Pelztiergegner haben eine sehr große Menge an Minken bei Einbrüchen in die Pelztierfarmen frei gelassen. Diese wurden seit Jahren als Pelztiere gezüchtet und sind wesentlich kräftiger wie unser einheimischer Nerz.

Als Fleischfresser fallen ihnen Wasservögel, Krebse, Fische, Mäuse und Frösche zum Opfer. Gerade der Appetit auf Wasservögel und deren Eier hat ihn zu einem großen Problem für die einheimische Tierwelt werden lassen.

Mittlerweile hat er große Schutzgebiete im Osten der Republik verweisen lassen. Ihm sind zum Teil hundert Prozent der Wasservögel zum Opfer gefallen.

Bei einer Reise durch diese Gebiete fällt einem sofort die absolute Stille auf. Kein Frosch quakt, kein Vogel ist zu hören. Alles hat diesem gefräßigen und effektiven Räuber als Nahrung gedient.

Merkwürdigerweise wird dies von den großen Naturschutzorganisationen nicht wahrgenommen. Oder es wird wahrgenommen und nicht öffentlich gemacht, da es nicht in die eigene ideologische Linie passt.

Wie der Waschbär ist auch der Mink nur mit Fallen zu bekämpfen, das passt nicht in die verquere Logik und wirklichkeitsfremden Ansichten von radikalen Tierschützern und wird nicht akzeptiert.

Dabei ist es genau die Fallenjagd, die überall auf der Welt im Rahmen des Artenschutzes praktiziert wird. Nur dadurch lassen sich auf Galapagos, Aldabra, Neuseeland und vielen Orten auf unserem Planeten die Invasoren bekämpfen. Ohne diese Jagd müsste man den Kampf gegen das globale Artensterben schon jetzt als gescheitert erklären.

Auf seinem Vormarsch hat der Mink noch ein weiteres Opfer gefunden, der europäische Nerz wird von seinem amerikanischen Verwandten verdrängt und an den Rand des Aussterbens gebracht. Der zugezogene Nerz ist wesentlich effektiver bei der Jagd, ob es durch Paarungen zur Vermischung kommt, ist noch umstritten.

Statt die Pelzmode aus ideologischen Gründen zu ächten, sollte man besser die Pelze von Waschbär und Mink zum Modeartikel machen. Nach dem Motto sieht gut aus und nützt der Natur und der Tierwelt. Das werden jedoch mit Sicherheit die engstirnigen Tierschützer nicht mittragen.

Durch diese Ignoranz bedingt, werden wir auch den Mink nicht mehr loswerden. Lieber verabschieden sich einige „Tierschützer" von einer Reihe heimischer Arten, als die Hilfe von Jägern oder praktischer Artenschützer in Anspruch zu nehmen. Wenn ein selbsternannter Spezialist nun großspurig erklärt, Waschbär und Mink würden sich gegenseitig in Schach halten, wird es gänzlich lächerlich. Selbst, wenn es einige Opfer unter diesen Räubern geben sollte, an der Problematik ändert das überhaupt nichts.

Daher bezweifeln die Artenschützer, das die Nerze auf dem europäischen Festland überleben werden. Die Biologen konzentrieren sich daher auf die Insellösung, wie auf Hiumaa, und möchten ihr Projekt auch auf die Nachbarinsel Saaremaa ausweiten.

Feuersalamander

Als Symbol und Namensgeber einer großen Schuhmarke ist der Feuersalamander vielen Menschen bekannt. Der Anblick in freier Natur ist jedoch nur wenigen gegönnt, da das Tier sehr versteckt lebt und seinen Unterschlupf nur des Nachts bei Regen verlässt. Wer jedoch das Glück hat dem scheuen Gesellen zu begegnen, wird diesen Anblick nicht mehr vergessen. Dieser Lurch ist so auffallend gefärbt, dass man ihn eher als Bewohner der Tropen vermuten würde.

Bei der Hessen weiten Amphibien-Kartierung 1980 war ich als Koordinator für den Kreis Gießen zuständig und hatte daher einen ziemlich genauen Kennt-

nisstand über die Vorkommen des Feuersalamanders in unserer Heimat. Bei meinen häufigen Exkur-
sionen während und nach der Kartierung konnte
ich auch noch häufig das Bachneunauge und den
Flusskrebs beobachten. Während der Flusskrebs
das ganze Jahr in seinem Gewässer beobachtet
werden konnte ist das Bachneunauge auf die kurze
Laichzeit beschränkt. Es lebt über Jahre als Wurm-
ähnliche Larve im Fließgewässer und besitzt nur als
ausgewachsenes Geschlechtstier das Aalähnliche
Aussehen.

In den folgenden Jahren fand ich immer weniger
der genannten Tiere bei den Ausflügen in die Natur
und heute muss ich diese Arten als fast verschwunden aus unserer Natur betrachten.

Für den Natur- und Tierfreund ist das auf alle Fälle
ein sehr bedauernswerter Verlust, doch was bedeu-
tet es für die Allgemeinheit?

Unser Wissen über die Zusammenhänge in der Natur ist noch immer nicht restlos aufgeklärt und die
Abhängigkeiten der Arten untereinander sind eine
sehr komplizierte Angelegenheit. Oftmals sind die
Folgen des Verschwindens einer Tier- oder Pflan-
zenart erst nach Jahren im Gefüge der Natur zu erkennen.

Doch was sind die Ursachen für das Verschwinden von immer mehr Tierarten aus unserer Heimat? Immerhin sind noch viel mehr Arten vom Aussterben bedroht wie die genannten.

Bei den drei genannten Arten steht an erster Stelle die gewaltige Grundwasser-Entnahme in den Mittelgebirgen und den Randregionen. Wenn man im Frühsommer die Quellgebiete unserer Flüsse wie Wetter, Horloff und Seenbach, um nur einige zu nennen, aufsucht, wird man entweder nur traurige Rinnsale oder überhaupt kein Wasser mehr vorfinden.

Die wenigen verbliebenen Feuersalamander setzen im Frühjahr zwar noch ihre Larven in den Quellgewässern ab, die kleinen Larven haben aber fast keine Chance mehr erwachsen zu werden. Schon am Anfang ihrer Entwicklung trocknen die Gewässer aus und die Tiere müssen sterben.

Da ein Feuersalamander über fünfzig Jahre alt werden kann sind die Folgen oft erst nach einigen Jahren an immer weniger Tieren sichtbar.

Auch weiter im Unterlauf der Bäche wird das Wasser immer weniger und der Lebensraum für Bachneunauge und Flusskrebs trocknet aus oder bietet als kleines Rinnsal keinen Lebensraum mehr für diese Tiere.

Sicherlich haben die Bewohner der Ballungsräume einen Anspruch auf sauberes Trinkwasser, aber ob das für Mensch und Tier kostbare Nass unbedingt für Toilettenspülung, Golfplatz Beregnung und Kanalreinigung verwendet werden muss ist mehr wie fraglich. Der ausgepumpte Vogelberg Wald wird bald seiner Bedeutung als Wasserspeicher nicht mehr gerecht werden können. Der trockene Boden lässt Baumwurzeln und Farne absterben und das Trinkwasser wird nur noch als kleiner Prozentwert von Heute zur Verfügung stehen.

Dann allerdings ist keine kurzfristige Lösung mehr möglich, die Erholung von Boden und Pflanzen wird Jahrzehnte bis Jahrhunderte benötigen. Wir haben dann zukünftigen Generationen buchstäblich das Wasser abgegraben.

Feuersalamander

Leider wird auch der Feuersalamander immer stärker von Rabenkrähe und Waschbär dezimiert, letzterer fängt auch die Larven des Feuersalamanders aus den Oberläufen der Flüsse.

Als wäre das alles noch nicht genug, ereilt ihn ein ähnlicher Tod wie den Fröschen.

In den Niederlanden wurden zum ersten Mal massenweise tote Feuersalamander gefunden. Schnell hat sich dieses neuartige Sterben weiter ausgebreitet und ist auch in Deutschland angekommen.

Bei schnell durchgeführten Untersuchungen wurde dann ein verwandter Pilz von Batrachochytrium dendrobatidis festgestellt.

In welchem Ausmaß dadurch die Salamander bestände vernichtet werden, wird die Zukunft zeigen. Wenn nicht größere Mengen an Salamandern unter kontrollierten Bedingungen gepflegt werden, könnte es um den Fortbestand der Art schlecht bestellt sein.

Fischotter

Dieser Wassermarder war durch starke Verfolgung sehr selten geworden. Einmal wegen seines dichten Felles, zum anderen wegen seiner bevorzugten Nahrung. Als Fischfresser stellte er für die Menschen schon immer einen Konkurrenten dar, und wurde daher rigoros bekämpft.

Er wird bis zu 120 cm lang und wiegt bis zu 10 Kilogramm.

Ursprünglich besiedelte er Mittel- und Nordeuropa sowie das nördliche Asien. Fast überall sind die Bestände infolge starker Bejagung zurückgegangen.

Als hervorragender Schwimmer erbeutet er spielend selbst die schnellsten Fische. Daneben fängt er noch Krebse, Frösche und auch Schnecken.

Entsprechend seinem Gewicht braucht er täglich bis zu einem Kilogramm Nahrung. Dadurch kann er in der Teichwirtschaft einige Schäden anrichten. Im Verhältnis zu den Schwärmen von Kormoranen und ihrem Fischbedarf, sind das aber fast schon Kinkerlitzchen.

Da der Fischotter ein riesiges Territorium beansprucht, hält sich der Schaden eher in Grenzen.

Fledermäuse

Da die Bedrohung bei allen Federmausarten ziemlich gleich ist, behandele ich sie hier zusammen. Die letzten Jahrzehnte sind die Bestände dieser Flatter-Tiere enorm stark eingebrochen.

Es sind die einzigen Säugetiere, die fliegen können. Dazu haben sie keine Flügel wie die Vögel, sondern verlängerte Fingerknochen. Im Gegensatz zu anderen Arten außerhalb Europas, fressen unsere Fledermäuse Insekten.

Einzigartig bei diesen Tieren ist ihr Echoortungssystem. Dadurch können sie während des Fluges Beutetiere wahrnehmen und mit ihren Flughäuten fangen.

Die Paarung erfolgt vor dem Winterschlaf, den die Fledermäuse in frostfreien Verstecken verbringen. Nach dem Winterschlaf werden die Eizellen von den gespeicherten Zellen befruchtet.

Nach einer Tragzeit von etwa zwei Monaten wird das einzige Junge geboren.

Die natürlichen Feinde sind vor allem Katzen, Marder und auch Eulen.

Bestand früher die größte Gefahr für die Fledermäuse durch das Vernichten ihrer Überwinterungsquartiere, ist es Heute das Verschwinden der Insekten und damit ihres Futters.

Seit über fünfzig Jahren beobachte ich intensiv Natur und Tiere meiner Umwelt. Im Laufe dieser Zeit ist fast alles an Tierarten zurückgegangen. Jedoch wurde damals in der Landwirtschaft noch bedenkenloser gespritzt wie heute. Das alleine kann für das bedenkliche Insektensterben nicht verantwortlich gemacht werden. Eine der großen Ursachen ist sicherlich der gewaltige Flächenverbrauch durch Siedlungen und Gewerbegebiete. Jedes Jahr gehen dadurch riesige Flächen für die Natur verloren. Jeder Bürgermeister und jede Kommune hat dabei nur die Einnahme Steigerungen durch Steuereinnahmen im Blick. Dass wir auf Dauer ohne intakte Umwelt nicht überleben können, spielt bei der nächsten Wahl keine Rolle.

Wie sagte vor wenigen Tagen ein Bürgermeister, „Mir sind Alphatiere, die Arbeitsplätze schaffen, wichtiger wie Wildtiere".

Ob in einigen Jahren dadurch unsere Umwelt zugrunde gerichtet wird, spielt keine Rolle. Auch der von der EU subventionierte Anbau von Pflanzen zur Energiegewinnung macht die Flächen für Insekten wertlos. Auch das intensivere Mähen der Wiesen bedroht die Insekten. Ist das Gras wenige Zentimeter hoch, wird schon gemäht. Da kann keine Blume mehr blühen. Aus der Massentierhaltung wird dann in großen Mengen Gülle auf den Wiesen entsorgt. Dadurch wird nebenbei unser Grundwasser „wertvoll" angereichert.

Neben den Fledermäusen trifft es natürlich auch die Vögel und die insektenfressenden Großwespen. Wird hier nicht bald gegengesteuert, bleiben unzählige Tierarten auf der Strecke.

Kurt Orth

Flussaal

Dieser beliebte Speisefisch ist den meisten Menschen als geräucherter Aal bestens bekannt. Weniger bekannt ist sein akuter Gefährdungsgrad, der eigentlich ein sofortiges Fangverbot recht-fertigen würde.

Lange Jahre war über sein Verhalten und besonders seine Fortpflanzung überhaupt nichts bekannt. Den meisten Menschen erscheint er unheimlich und schlangen-ähnlich, obwohl er mit Schlangen nichts gemein hat.

Sein Leben beginnt nach heutigem Kenntnisstand in der Sargassosee, westlich und südwestlich des Azorenraumes. Als Plankton fressende Larven werden sie mit dem Golfstrom nach etwa drei Jahren vor die europäischen Küsten gespült und wandeln sich zum Glasaal um.

In diesem Stadium geschieht das größte Verbrechen an den Aalen.

In riesigen Mengen werden diese Glasaale gefangen und zu Wahnsinnspreisen verkauft. Damit ist die Anzahl von Aalen, welche zur weiteren Entwicklung in die Flüsse aufsteigen, dramatisch reduziert.

Auch für die Davongekommenen ist die Odyssee noch nicht beendet. Staudämme zur Stromgewinnung und Schleusen verwehren ihnen immer wieder den weiteren Weg. Haben es einige trotz Allem bis in ihre Wohngewässer geschafft, wartet ein unerbittlicher und gefräßiger Jäger auf sie, der Kormoran.

Durch den unsinnigen fast totalen Schutz dieses Fischmörders fallen fast alle verbliebenen Aale für die Fortpflanzung weg. Aus purem Dogmatismus eine Art, die es nicht mehr nötig hat, unter Schutz zu stellen, wirft ein schlechtes Licht auf die verantwortlichen Naturschutzorganisationen.

Neben den Kormoranen stellen hier den Aalen noch Berufsfischer und vereinzelt Angler nach.

Nachdem die wenigen überlebenden Aale nach etlichen Jahren erwachsen geworden sind, machen sie sich auf den weiten und gefährlichen Weg zurück in Meer.

Vermutlich ziehen sie wieder bis in die Sargassosee, um hier abzulaichen und zu sterben.

Wenn wir nicht dringendst etwas für die Rettung dieses geheimnisvollen Fisches tun, ist dieses Sterben endgültig.

Flusskrebs

Konnte ich in meiner Kindheit noch große Mengen an Flusskrebsen in Bächen und Teichen meiner Heimat beobachten, sieht es jetzt sehr traurig um dieses Tier aus.

Schon um die Mitte des neunzehnten Jahrhunderts kam der erste fast vernichtende Schlag. Aus Amerika wurde der amerikanische Flusskrebs eingeführt und in einigen Gewässern ausgesetzt.

Dieser Krebs ist Träger der Krebspest und gegen diese immun. Der Europäische Flusskrebs war dieser Krankheit jedoch hilflos ausgeliefert und die Bestände brachen zusammen. In vielen Oberläufen der Flüsse und einigen Teichen konnten sich jedoch noch ansehnliche Bestände des Europäischen Flusskrebses halten. Zwar gab es durch Gewässerverunreinigungen und Begradigungen immer wieder Einbrüche, die waren jedoch nicht Existenzbedrohend.

Früher galten diese Krebse als Armeleuteessen und wurden in großen Mengen gefangen. Das hat den Beständen jedoch nie nachhaltig geschadet.

Mit einer Größe von achtzehn Zentimetern ist es schon ein ansehnliches Tier. Jedoch werden einzelne Exemplare, die auch Solokrebse genannt werden, deutlich größer werden.

In speziellen Krebszuchten werden Edelkrebse gezüchtet, um sie wieder in die Natur und Angelteiche auszuwildern.

Der Anblick dieser gepanzerten Raubritter ist grandios, mit ihren gewaltigen Scheren und langen Antennen wirken sie wirklich faszinierend. Wer bei Krebsen nur ans Essen denkt und nicht genau hinschaut verpasst wirklich eindrucksvolle Lebewesen. Immer wieder habe ich Krebse im Aquarium gepflegt und fand sie in Verhalten und Ausstrahlung den Fischen weit überlegen.

Mit dem schon geschilderten Absinken des Grundwassers wurde es auch für die Krebse immer schwieriger. Die Krebse ersticken zwar nicht sofort wie die Fische wenn kein Wasser mehr da ist, auf längere Zeit können aber auch sie nicht ohne Wasser leben. So kam es das die Krebse von Jahr zu Jahr weniger wurden, von einer flächendeckenden Besiedlung konnte bald keine Rede mehr sein.

Aber es sollte noch schlimmer kommen. Vom Edersee her haben sich die Waschbären innerhalb von drei Jahrzehnten über ganz Hessen ausgebreitet und diesen geschickten Jägern entgeht kein Krebs. Gerade bei Niedrigwasser finden sie alles was ihnen Fressbar erscheint und in den meisten Bächen sind mittlerweile die Edelkrebsbestände bei Null angekommen.
Da keine Tendenzen zu erkennen sind, die Waschbären spürbar zu bekämpfen, werden wir dem Edelkrebs für immer ade sagen müssen. Es gibt sogar beschränkte „Tierfreunde" die jung gefundene Waschbären aufziehen und wieder der Natur zumuten.

Leider entwickeln sich Tierschutz und Artenschutz bei uns immer mehr auseinander. Tierschutzvereine haben meist nur Haustiere im Auge, der Schutz der Wildtiere spielt dabei keine oder eine untergeordnete Rolle.

Seefrosch

Frösche

Ich zähle hier die Froschlurche zusammen auf, auch wenn sie mit den Unken, Kröten und Fröschen sehr unterschiedliche Lurche sind.

Ihre Entwicklung begann schon vor 130 Millionen Jahren ab dem Jura. Statt ihrem Verschwinden fast gelangweilt zuzusehen, sollten wir eher etwas Ehrfurcht vor einer so alten Tierfamilie haben. Unsere Entwicklungsgeschichte ist dagegen ein Wimpernschlag.

Durch den Verlust an Laichgewässern und starkem Lebensraumverlust gingen die Bestände seit vielen Jahrzehnten zurück. Durch ihre enorme Zahl an Kaulquappen konnten die Froschlurche so manchen Schicksalsschlag ausgleichen. Gab es in einem Jahr keinen Nachwuchs, weil die wenigen Laichgewässer zu schnell austrockneten, konnte das in einem guten Jahr ausgeglichen werden.

Leider hat sich in den letzten Jahren die Situation verschärft. Als ersten hat sich die stark angestiegene Zahl der Rabenkrähen auf diese Amphibien eingeschossen. Wurden früher Erdkröten aufgrund ihres Hautgiftes von den meisten Fressfeinden ignoriert, haben diese intelligenten Vögel einen Weg gefunden. Während der Wanderung der Erdkröten zu ihren Laichgewässern finden sich ganze Scharen von Rabenkrähen ein. Dann drehen sie die Kröten auf den Rücken und fressen sie vom Bauch her auf.

Denn auf der Bauchseite sind die Kröten nicht durch Giftdrüsen geschützt.

Mittlerweile hat der Waschbär seinen Siegeszug durch Europa angetreten und besiedelt in großer Zahl weite Gebiete Deutschlands. Kein Wunder, dass diese Allesfresser auch die Frösche als willkommene Speise entdeckt haben. An den Laichplätzen der Grasfrösche frisst er die gesamten versammelten Frösche auf. Leider wird er in seiner Ausbreitung von Tierschutzvereinen unterstützt. Jung aufgefundene Waschbären werden aufgepäppelt und wieder in die Natur entlassen.

Leider ist es damit noch nicht getan.

Plötzlich wurden Forscher von dem Verschwinden von Fröschen in scheinbar intakten Regenwäldern überrascht. Wie üblich wurden zuerst das Ozonloch und dann die Klimaerwärmung für das Sterben verantwortlich gemacht.

Doch dann gelang es australischen Wissenschaftlern, den wahren Verursacher zu ermitteln. Der Chytridpilz (*Batrachochytrium dendrobatidis*) hat großflächig die Froschbestände befallen und führt zum Tod der Tiere.

Ursprünglich stammt dieser Pilz aus Afrika, wo er auf Krallenfröschen lebt. Diese sind jedoch immun gegen diesen Pilz. Da diese Krallenfrösche für Schwangerschaftstests benutzt wurden, konnte sich über sie der Pilz weltweit verbreiten.

Dieses Froschsterben hat auch ein zweischneidiges Schwert der Gesetzgebung offensichtlich gemacht. Als einige Frösche immer seltener wurden, hat man sie schnell unter Schutz gestellt und die Terrarienhaltung verboten. Als dann infolge des Pilzes die Wildbestände erloschen waren, hat man händeringend nach Fröschen aus Terrarienhaltung gesucht, um eine Erhaltungszucht zu starten. Diese Terrarienhaltung hatte man aber vorher verhindert, nun gab es keine Frösche mehr.

Gänsegeier

Dieser imposante Vogel ist mit einer Spannweite von bis zu 270 cm und einem Gewicht bis zu 11 kg eine sehr imposante Erscheinung am Himmel über Europa.

Zum Glück haben sich die Bestände sehr gut erholt, nachdem die Bevölkerung Verständnis für diese Aasfresser aufgebracht hatte.

Leider fallen immer wieder welche vergifteten Ködern zum Opfer, welche eigentlich für Wölfe gedacht waren. Durch Wiederansiedlungen in Frankreich und in den Salzburger Alpen lassen sich vermehrt Gänsegeier über Deutschland beobachten.

Die mit Abstand größten Bestände beherbergt Spanien mit über 20000 Brutpaaren. Entscheidend für den weiteren Fortbestand ist eine nicht zurückgehende Schafhaltung, denn alleine auf vom Menschen angelegte Futterstellen ist kein dauerhafter Verlass.

Die Brut findet bevorzugt an steilen Felswänden statt. Es wird nur ein Ei gelegt, was eine Bestandserholung nach Einbrüchen sehr langwierig macht.

In Bayern brüteten sie bis ins neunzehnte Jahrhundert, wurden durch Verfolgung jedoch ausgerottet. Da jetzt wieder vermehrt Gänsegeier auch über Bayern gesehen werden, besteht die Hoffnung, dass sie irgendwann auch hier wider heimisch werden.

Auf der Suche nach Nahrung steigen sie bis auf 3500 Meter in den Himmel. Auch aus dieser Höhe sind sie in der Lage, Nahrung zu finden.

Leider besteht mittlerweile eine neue Gefahr für die Vögel. Alleine in Nordspanien wurden in sechs Jahren über 700 Geier durch Windkraftanlagen getötet. Und das alles für eine Energie, die doch nur als eine Übergangslösung angesehen werden kann.

Auf der Insel Cres im Mittelmeer vor Krk befand sich bis vor kurzem eine Aufzuchtstation für Geier. Durch rücksichtslose Motorbootfahrer aufgeschreckt, stürzen immer wieder junge Geier ab und sind auf menschliche Hilfe angewiesen. Leider musste die Station aus Geldmangel vor kurzer Zeit schließen.

Galapagos Riesenschildkröte

Diese Riesenschildkröten lebten bis zum neunzehnten Jahrhundert in insgesamt 15 Unterarten auf verschiedenen Galapagos Inseln. Da sie von den Seefahrern als Fleischlieferant erbarmungslos gejagt wurden, sind vier Arten schon ausgestorben.

Von den verbliebenen Arten sind auch nur noch knapp 5000 Tiere verblieben.

Die Inseln des Galapagos-Archipels, die etwa 1000 Kilometer westlich von Ecuador liegen, gehören zum UNESCO-Weltnaturerbe. Bereits 1835 entwickelte Charles Darwin seine Theorie zur Entstehung der Arten. (Die Vierstreifennatter, Kurt Orth 2013).

Diese eindrucksvollen Schildkröten erreichen ein Gewicht von bis zu 250 Kilogramm bei einer Länge von fast *150 cm*. Damit sind sie die größten Schildkröten weltweit.

Die genaue Lebenserwartung ist nicht bekannt, immerhin kann kein Mensch ein Lebensalter von knapp 200 Jahren kontrollieren.

Auf jeder der Inseln des Galapagos Archipels konnte sich durch die räumliche Trennung eine eigene Unterart entwickeln.

Diese haben durch ein unterschiedliches Nahrungsangebot sogar ihre Panzerform verschieden entwickelt. Während einige ihre Nahrung auf dem Boden finden, müssen sich andere zu den Büschen oder hohen Kakteenfrüchten aufrichten.

Leider legen die riesigen Weibchen nur etwa siebzehn Eier, das steht einer schnellen Erholung der Bestände entgegen. Durch verwilderte Schweine, Katzen und eingeschleppte Ratten sind die jungen Schildkröten die ersten Jahre stark gefährdet.

Da sie erst mit fast dreißig Jahren Geschlechtsreif werden, geht es mit dem Aufbau des Bestandes entsprechend langsam voran.

Es geschehen jedoch auch manchmal Wunder. Chelonoidis elephantopus galt lange Zeit als ausgestorben. Diese Unterart lebte auf der Floreana Insel und war von Walfängern ausgerottet worden.

Vermutlich wegen Überladung ihres Schiffes, hatten die Walfänger einige Exemplare auf der Insel Isabella abgeladen. Dort wurden sie als letzte Überlebende der als ausgestorben Art Chelonoidis elephantopus identifiziert. Nun sollen sie in einer Zuchtstation vermehrt werden, um sie irgendwann in ihrer ursprünglichen Heimat ansiedeln zu können.

Gelbbauchunke

Die Familie der Scheibenzüngler wird in Europa von den Unken und der Geburtshelferkröte vertreten. Charakteristisch für diese Arten ist die scheibenartig am Mundboden angewachsene Zunge.

Dadurch ist die Zunge im Gegensatz zu anderen Fröschen nicht vorstreckbar.

Im Gegensatz zur Rotbauchunke ist die Gelbbauchunke ein Bewohner des Berglandes. Noch stärker wie bei der Rotbauchunke nimmt sie mit den kleinsten Tümpeln vorlieb. Temporär austrocknende Tümpel sind für diese Unke ein großer Vorteil.

Hier sind die Kaulquappen eher vor Libellenlarven und anderen Räubern geschützt.

Mit ihrer bräunlichen Rückenzeichnung ist sie auf dem Boden fast unsichtbar. Auf dem Bauch befinden sich gelbe Flecken, die bei Gefahr als Warnfärbung dienen. Immerhin verfügt sie über ein Hautgift, welches auf den Schleimhäuten ein übles Brennen hervorruft. Diese Erfahrung durfte ich öfters machen.

Vor vielen Jahren kannte ich eine Tongrube, in der die Gelbbauchunke recht häufig vorkam. Als diese Tongrube aufgrund von Umweltauflagen verfüllt werden musste, habe ich so viele Unken wie möglich gefangen und in nicht gefährdete Gebiete umgesiedelt. Die leichteste Berührung der Augen während dieser Aktionen führte zu einem langanhaltenden Brennen der Augen.

Die Beseitigung der kleinen Tümpel ist die größte Bedrohung für diese kleine Unke.

Da sie sehr leicht zu Züchten ist, könnten durch Nachzuchten leicht neue Lebensräume besiedelt werden, dem stehen jedoch unsere Artenschutz-Gesetze entgegen.Natürlich kann nicht jeder Tiere züchten und nach Gutdünken in die Natur verbringen. Kontrollierte Artenschutzprogramme und wissenschaftlich begleitete Bestandsstützung sollten jedoch ohne große Widerstände möglich sein.

Griechische Landschildkröte

In Mitteleuropa ist diese Schildkröte vor allem als Haustier bekannt. Bis noch vor wenigen Jahrzehnten wurden Tausende importiert und zu lächerlich geringen Preisen angeboten. Die neuen Halter wussten über die Haltungsbedingungen wenig bis nichts, und so ist der größte Teil dieser Schildkröten nach mehr oder weniger kurzer Zeit gestorben.

Das hat sich in der Zwischenzeit extrem gewandelt, für ernsthafte Züchter ist der Verwaltungsaufwand für die Nachzuchten mittlerweile extrem. So ist der Schutz von einem Extrem ins andere gegangen. Dabei werden überhaupt keine Griechischen Landschildkröten mehr importiert und die Menge an Nachzuchten übersteigt schon längere Zeit die Nachfrage. Manchmal habe ich das Gefühl, bei den Behörden geht es nicht um den Schutz bedrohter Arten, sondern um ihren eigenen Erhalt.

Die einzige jetzt noch bestehende Gefährdung besteht in der Zerstörung des Lebensraumes und der direkten Verfolgung. So fanden wir in Montenegro aufgegebene Brunnen, die bis zum oberen Rand mit toten Schildkröten angefüllt waren. Die Landwirte und Gemüsebauern sehen sie als Schädlinge an und verfolgen sie gnadenlos.

Bei einer Wanderung hatte ich ein besonders bemerkenswertes Erlebnis. Auf einem Flachdach in einem umzäunten Gelände lag eine Schildkröte auf dem Rücken und strampelte wie wild unter der heißen Sonne. Nach der Menge an Kot in ihrer Nähe musste sie schon längere Zeit in dieser lebensbedrohlichen Situation sein. Meine Frau und ich beratschlagten, was zu tun sei. Das Tier lag schließlich auf Privatgelände.

Da die Schildkröte anscheinend mit Absicht auf das Dach geworfen wurde, hatte ich auch keine Hoffnung bei dem Eigentümer des Hauses etwas zu erreichen. Betrübt gingen wir weiter.

Nach etwa fünfzig Metern kehrten wir um, ich konnte einfach nicht weitergehen. Direkt bei dem Haus stand ein Baum, der mein Vorhaben ermöglichte. Zuerst kletterte ich über den Zaun, dann den Baum hinauf und mit einem Sprung auf das Flachdach. Dann schnell die Schildkröte gepackt und den gleichen Weg wieder zurück.

Zum Glück hat mich bei meinem Einbruch niemand beobachtet, wer weiß, wie dieses Abenteuer sonst ausgegangen wäre.

In Istrien konnten wir vor dreißig Jahren noch viele Schildkröten sehen, mittlerweile sind sie nicht mehr zu finden. Die Urbarmachung oder Bebauung der letzten Fleckchen Natur hat sie verdrängt.

Ursprünglich besiedelte sie weite Teile des Mittelmeerraumes, jedoch wird sie aus immer weiteren Gebieten verdrängt. Auch werden Gelege und Jungtiere immer häufiger Opfer der sich stark vermehrenden Wildschweine.

Großer Ameisenbär

Es ist erstaunlich, dass ein Tier, welches sich nur von Ameisen ernährt, so groß werden kann. Immerhin wird er bis zu 120 Zentimeter lang bei einem Gewicht von bis zu fünfzig Kilogramm. Markant sind die ausgeprägte, bis zu vierzig Zentimeter lange und schmale Schnauze und der verhältnismäßig kleine Kopf. Mit dieser langen Schnauze kann er die Ameisen in ihrem Bau aufspüren und mit seiner langen Zunge einfangen.

Stammesgeschichtlich sind Ameisenbären etwa seit 20 Millionen Jahren belegt, verwandte Arten sind jedoch schon aus Funden mit einem Alter von 55 Millionen Jahren bekannt.

Die meisten Arten sind aufgrund ihres großen Verbreitungsgebietes nicht gefährdet, leider zählt der große Ameisenbär nicht dazu.

Dem Straßenverkehr fallen immer wieder Ameisenbären zum Opfer. Auch wird er von den Viehaltern verfolgt. Durch seine Wohnhöhlen kann es zum Einbrechen von Rindern und Pferden kommen.

In Südamerika ist man da nicht zimperlich und beseitigt vorsorglich den Verursacher.

Es wäre sehr bedauerlich, wenn dieses Relikt der Urzeit dadurch verschwinden würde.

Haie

Durch den Film „Der Weiße Hai" waren diese Raubfisch als blutrünstige Monster verschrien, die nur darauf warteten, badende Menschen zu verschlingen.

Glücklicher Weise hat sich dieses Bild in der Zwischenzeit zum Guten gewandelt.

Immer mehr Menschen sehen im Hai einen eleganten und auch notwendigen Bewohner der Meereswelt.

Seit vierhundert Millionen Jahren bevölkern sie die Erde mit Hunderten von Arten. Darunter gibt es Zwerge von wenigen Zentimetern Länge, aber auch wahre Giganten wie den Walhai, der vierzehn Meter Länge bei einem Gewicht von zwölf Tonnen erreichen kann. Dabei ernährt er sich von winzigem Plankton, dass er aus dem Wasser filtert.

Die größte Angst unter den Haiarten verbreitet immer noch der Weiße Hai, der jedoch zwischenzeitlich vom Jäger zum Gejagten geworden ist.

Mit einer Länge von bis zu 650 cm und einem Gewicht bis zu 2000 Kilogramm sind es wahrlich gewaltige Fische. Ihre bevorzugt Beute besteht aus Seelöwen, Seeelefanten und Seehunden. Aus diesem Grund kommt es auch gelegentlich zum Angriff auf schwimmende Menschen. Es ist einfach eine Verwechslung.

Er lebt bevorzugt in den gemäßigten Meeren und unternimmt zum Teil gewaltige Wanderungen.

Fälschlicherweise wird die Sportfischerei für den Rückgang der Art verantwortlich gemacht.

Das entspricht jedoch nicht den Tatsachen. Die Sportfischer sind in den meisten Regionen verpflichtet, einen gefangenen Hai, oder andere Großfische wie Thunfische oder Schwertfische, unverletzt zurückzusetzen. Dagegen werden sie immer wieder an den Langleinen und Schleppnetzen der Berufsfischer gefangen.

Am meisten haben eine Menge Haiarten unter der Fischerei auf Haifischflossen zu leiden. Bei dieser grausamen und verschwenderischen Fischerei werden den Haien nur die Flossen abgeschnitten, der Rest wird wieder ins Meer geworfen. Die Überfischung der Meere durch große Fischereiflotten und Fabrikschiffe raubt den Haien die Nahrung und lässt einige Arten immer seltener werden. Mittlerweile geht man davon aus, dass in etwa 45 Jahren die Fischbestände der Weltmeere zusammengebrochen sind, dann ist es auch mit den Haien vorbei. Die Fischbestände werden sich zum Teil wieder erholen, wenn die Fischereiflotten pleite sind. Die Raubfische haben in dieser Übergangszeit jedoch schlechte Karten.

Hornotter

Diese sehr schön gezeichnete Viper ist in Südeuropa weit verbreitet. An ihrem imposanten Schnauzenhorn ist sie leicht von den anderen Vipernarten zu unterscheiden. In ihrem großen Verbreitungsgebiet variiert sie farblich gewaltig.

Am Skutarisee an der Albanischen Grenze fanden wir Hornotter mit den verücktesten Farben. Das reichte von Zitronengelb bis Orangerot und allem dazwischen. Wir konnten uns gar nicht satt sehen an diesen wunderschönen Schlangen. Wir konnten uns diesen Schlangen zum Fotografieren bis auf einen halben Meter nähern, ohne das sie einen Versuch des Angriffs gemacht hätten.

Die Hornottern in ihrem nördlichsten Verbreitungsgebiet sind die mit Abstand größten. Dagegen sind die Tiere auf den griechischen Inseln wahre Zwerge. Leider gehen die Bestände gerade in Österreich stark zurück. Die Ursache ist hier vermutlich die fortschreitende Verbuschung ihres Lebensraumes. Sie finden hier nicht mehr genügend Sonnenplätze.

In Südtirol nahe von Bozen findet sich eine besondere Form der Hornotter, die auch als eigene Unterart aufgeführt wird. Diese Tiere leben auf rotem Porphyrgestein und haben eine silberne Grundfärbung bei dunklem Rückenband. Die Begegnung mit einer solchen Hornotter ist ein besonderes Erlebnis. Leider wird das Gestein großflächig abgebaut und die Hornottern verlieren ihren Lebensraum. Eine Zeitlang wurden sie auch vermehrt zur Terrarienhaltung gefangen. Das ist mittlerweile nicht mehr der Fall, es werden genug nachgezüchtet.

Das ist zum Glück bei allen Hornottern so, da sie sehr leicht zu Züchten sind, braucht keiner mehr eine zu fangen. Was seit mehreren Jahrzehnten ohnehin verboten ist, alle Schlangen Europas stehen unter Artenschutz und dürfen weder Gefangen noch getötet werden.

Letzteres ist in südlichen Ländern leider noch allgemein üblich und hat stellenweise die Hornottern und auch die ungiftigen Schlangen weitestgehend ausgelöscht.

Igel

Dieses kleine Säugetier ist in Deutschland weit verbreitet und erfreut sich allgemeiner Beliebtheit. Er wird etwa 30 Zentimeter lang bei einem Gewicht von bis zu 700 Gramm. Auffallend ist das Stachelkleid, welches die gesamte Rückseite des Körpers bedeckt. Dadurch ist er hervorragend gegen eine Vielzahl von Feinden geschützt. Leider sind die Stacheln nicht stark genug, um ihn vor seinem größten Feind zu schützen, dem Auto.

Viele Igel werden aus lauter Unaufmerksamkeit überfahren. Sicherlich kann es vorkommen, dass man den kleinen Kerl zu spät sieht, um noch reagieren zu können. Eine sehr große Zahl von toten Igeln geht jedoch auf pure Rücksichtslosigkeit zurück.

Noch vor wenigen Jahrzehnten waren diese Insektenfresser weit verbreitet. Mittlerweile werden sie immer weniger. Dabei spielt auch der Uhu eine Rolle.

War diese große Eule in der Vergangenheit sehr selten geworden, hat sie sich die letzten Jahre wieder recht gut ausgebreitet. Neben Igeln jagt der Uhu auch Feldhasen. Diese sind mittlerweile ebenfalls recht selten geworden, daher hat er sich auf Hauskatzen umgestellt.

Da immer mehr Feldgehölze der großflächigen Landwirtschaft zum Opfer fallen, finden die Igel immer weniger Deckung und verschwinden.

Die Unsitte, untergewichtige Igel aufzupäppeln, nützt dem Igel wenig. Diese Igel vererben die Unsitte des zu späten Gebärens weiter und das Problem wird immer größer. Die Natur weiß schon, was sie tut. Menschliche Eingriffe, auch wenn sie gut gemeint sind, nützen den Tieren meist wenig.

Hornottern bei Bozen

Hornottern am Skutarisee, Hornotter auf Krk

Junge Kreuzotter, Spanische Kreuzotter

Lebensraum der Kreuzotter im Moor

Kreuzotter

Kreuzottern sind die am weitesten verbreiteten Schlangen Europas. Sie leben im Nordosten bis nahe an den Rand des ewigen Eises und im Süden bis Frankreich und Italien. Dabei besiedeln sie immer die raueren und auch feuchteren Lebensräume.

Es wäre interessant festzustellen, ob sie das aus Vorliebe tun, oder ob sie von den moderneren Vipern wie Vipera aspis oder Vipera ammodytes hierher verdrängt werden.

Vermutlich leben die Schlangen in kalten oder nassen Gebieten nicht, weil es dort kalt oder nass ist, sondern obwohl.

Da für die Erhaltung der Kreuzotter die Zucht im Terrarium leider unumgänglich wird, will ich hier näher darauf eingehen. Immerhin habe ich das fast vierzig Jahre praktiziert.

Die Kreuzotter fühlt sich in einem natürlich bepflanzten Terrarium am wohlsten, muss aber an einigen Stellen die Möglichkeit haben, ausreichend Strahlungswärme aufzunehmen. Man kann als Faustregel für die erfolgreiche Haltung der Kreuzotter sagen, in einem Terrarium, in dem Pflanzen gedeihen und das ausreichend Strahlungswärme erhält, ist die Pflege fast kein Problem. Tägliches übersprühen des Behälters ist notwendig. Das Substrat für die Überwinterung muss ausreichend feucht sein, darf aber nicht schimmeln. Die Temperatur kann zwischen 2 Grad und 8 Grad schwanken.

Das Verhalten

Bei dem Beobachten der Kreuzotter im Terrarium kann man interessante Beobachtungen machen. Die Tiere wurden Jahrhundertelang in Bezug auf ihre geistige Leistungsfähigkeit unterschätzt.

Sehr schnell gewöhnen sie sich an ihren Pfleger und passen sich in Ihrem Verhalten an neue Gegebenheiten an. Mich konnten sie im Terrarienraum deutlich von anderen Besuchern unterscheiden. In Ihrem Verhalten bestanden sichtbare Unterschiede, wenn ich den Raum betrat oder ein Besucher. Jahrzehntelang hat sich die Verhaltensforschung bei Reptilien schwer getan.

Bei neueren Untersuchungen hat sich gezeigt, nicht die Reptilien waren bei Problemlösungen unfähig, sondern die Verhaltensforscher selber.

Sie haben wechselwarme Tiere unter den gleichen Gesichtspunkten getestet wie Säugetiere und Vögel. Gerade hat sich bei Schildkröten bestätigt, dass sie zu weitaus größeren geistigen Leistungen fähig sind, wie bisher vermutet.

(Die Kognitionsforscherin Anna Wilkinson von der britischen University of Lincoln 2015)

Schlangen als primitive und minder entwickelte Kreaturen ohne Bewusstsein anzusehen, wird diesen Tieren bei Weitem nicht gerecht. Gerade Vipern sind in ihrem Verhalten sehr komplex. Meine Kreuzottern haben im Laufe der Zeit unterscheiden können, ob ich zu Pflegearbeiten an das Terrarium kam, oder ob es Futter gab. In beiden Fällen war das Verhalten deutlich zu unterscheiden. Habe ich das Wasser gewechselt oder Kot entfernt, blieben die Kreuzottern fast unbeteiligt liegen. Kam ich zur Fütterung, wurde die ganze Gesellschaft unruhig, auch ohne die Maus riechen zu können.

In der Zeit meiner Immunität gegen das Gift der Kreuzotter habe ich mich oft recht sorglos im Umgang mit ihnen verhalten. So konnte ich die Kreuzottern mit der bloßen Hand aufnehmen, ohne dass eine versucht hätte, mich zu beißen. Das empfehle ich jetzt nicht zur Nachahmung, ich war ja damals immun gegen das Gift und mit den Kreuzottern recht vertraut.

Wichtig ist, die Tiere genau zu beobachten und bei unruhigem Herumzukriechen die Haltungsparameter zu überprüfen. Wenn die Tiere nach zwei Monaten keine Nahrung aufgenommen haben, stimmt etwas nicht. Länger zu warten schwächt die Schlangen und ist gefährlich.

Stimmt die Belüftung, sind genug Verstecke mit verschiedenen Wärme- und Feuchtigkeitsbereichen vorhanden.

Und schließlich das alles Entscheidende, sind es ganz sicher keine Wildfänge? Kreuzottern sind gesetzlich geschützt und Störungen jeglicher Art sowie der Fang oder das Erschlagen sind verboten. Des Öfteren werden jedoch Kreuzottern aus angeblicher Nachzucht angeboten ohne es offensichtlich wirklich zu sein. Ein Wildfang wird im Zimmerterrarium mit größter Wahrscheinlichkeit sterben.

Ohne schnelles Entgegenwirken werden die Kreuzottern in Mitteleuropa vermutlich in wenigen Jahren im größten Teil ihres Verbreitungsgebietes verschwunden sein. Zerstörung des Lebensraumes, Landschaftsverbrauch, direkte Verfolgung durch den Menschen und die massive Zunahme der Wildschweine werden ihnen unausweichlich das Ende bereiten.

Auch die Hauskatze hat ihren Anteil an dem Rückgang der Kreuzotterbestände. So haben Untersuchungen gezeigt, dass der Bestand an Schlangen in Gebieten, in denen Katzen streunen, um über ein Drittel niedriger ist wie in vergleichbaren Gebieten.

Leider haben meine Beobachtungen den Biotopschutz alleine als nicht ausreichend bestätigt. Selbst in noch scheinbar optimalen Lebensräumen gehen die Bestände unaufhaltsam zurück. Wenn die Prädatoren zu viele werden, hilft aller Schutz nicht.

Je nach Geschlecht und Lebensraum erreicht die Kreuzotter eine Länge von 48 bis 80 Zentimeter. Dabei werden die Weibchen deutlich größer und schwerer wie die zierlicheren Männchen. Von verschiedener Seite wurde mir von einer Länge bis zu 100 Zentimetern berichtet, leider habe ich noch keine Kreuzotter in dieser Größe gesehen. Bis dahin gehe ich von einer Falschbeobachtung aus, sollte diese Länge wirklich vorkommen, wäre sie sicherlich schon dokumentiert worden.

Der ovale Kopf setzt sich nicht so stark ab wie bei der Aspisviper, und bei weitem nicht so stark wie bei der Hornotter. Über den Rücken verläuft in der Regel das typische Zickzackband, welches besonders bei den kontrastreicher gefärbten Männchen im Frühjahr schön zum Ausdruck kommt.

Überhaupt ist die Körperfärbung der Kreuzotter an Variabilität kaum von anderen Schlangen zu übertreffen.

Man findet lackschwarze, kupferrote, gelbliche, silbergraue und fast einfarbig braune Exemplare. Gerade die Männchen sind nach der ersten Häutung im Frühjahr mitunter geradezu wunderschön gefärbt. Die Augen sind fast rot und die Pupille ist zu einem senkrechten Schlitz verengt. Vereinzelt fand ich fast gelbe Weibchen, welche in ihrer Farbenpracht den Männchen kaum nachstehen. Die Schnauzenspitze ist, wenn überhaupt, nur andeutungsweise aufgeworfen. Die Giftzähne sitzen im Oberkiefer in Schleimhautfalten und werden beim Biss nach vorne geklappt.

Wie bei vielen anderen Tieren auch, sind die Kreuzottern im nördlicheren Teil des Verbreitungsgebietes meist schwerer und auch länger wie die weiter südlich lebenden. Vermutlich können diese die längere Winterruhe besser überstehen. Auch viele andere Tierarten erreichen im Norden eine andere Größe wie im Süden ihres Verbreitungsgebietes.

Zu ihrem Schutz sind in erster Linie die Biotope wie besonnte Waldränder oder Moore zu schützen. Ebenso sollten wieder vermehrt Kahlschläge im Wald hergestellt werden.

Die moderne „Naturnahe" Waldbewirtschaftung ist Gift für die Kreuzotter. Das hilft jedoch vermutlich alles nichts, wenn es nicht gelingt, die Wildschweine deutlich zu dezimieren. In der Nähe noch vorhandener Kreuzotterbestände muss weiterhin der Freilauf von Hauskatzen eingeschränkt oder noch besser verboten werden. Leider hat auch die starke Unterstützung des Weißstorches durch die Naturschutzverbände den Schlangen einen Bärendienst erwiesen. Diesen imposanten Vogel zu fördern, wenn der größte Teil seines Futters auf der Roten Liste steht, sollte überdacht werden.

Das Erschlagen von Kreuzottern muss endlich als Straftat entsprechend geahndet werden. In Bayern sind die Bestände innerhalb von vierzig Jahren um 80 % zurückgegangen, anderswo wird es nicht anders aussehen.

Krokodil

Diese Boten der Urzeit sind leider nicht so beliebt wie die Igel oder die Störche. Dabei haben sie unsere Unterstützung dringend nötig.

Je nach Art erreichen sie Längen von gut einem Meter bis über zehn Metern. Die maximalen Längen werden heute jedoch kaum noch erreicht. Der Mensch lässt die Krokodile nicht mehr alt genug werden. Dabei können diese Echsen über 100 Jahre alt werden. Wir unterscheiden heute zwischen den echten Krokodilen, den Alligatoren und den Gavialen. Letztere sind allesamt stark bedroht.

Als wechselwarme Reptilien brauchen sie nur einen Bruchteil an Nahrung wie vergleichbare Säugetiere. Sie können Wochenlang geduldig auf Beute lauern, bis der richtige Moment gekommen ist.

Von ahnungslosen Menschen werden sie zumeist als unbarmherzige Killer abgestempelt, dabei sind die Weibchen fürsorgliche Mütter, die das Gelege bewachen und die geschlüpften Jungen zum Wasser tragen.

Bei meinen Reisen in die Lebensräume der Wildtiere bin ich auch öfter auf Krokodile gestoßen. Diese vermeintlichen Killer verschwinden bei Annäherung sofort im Wasser, von wegen Angriff. In einem Gewässer mit großen Krokodilen würde ich jedoch nicht unbedingt baden. Genau so wenig würde ich Löwen beim Fressen besuchen. Letztere sind den meisten Menschen aber sympathischer, daher werden sie nicht so verteufelt. In Gambia haben wir satte Krokodile erlebt, die konnten wir sogar streicheln. Es war kein Zoo.

Die Krokodileier werden in einem vom Weibchen hergestellten Nest abgelegt und von den meisten Arten bewacht. Nach knapp drei Monaten schlüpfen die Jungen, über deren Geschlecht die Bruttemperatur entscheidet. Unter dreißig Grad schlüpfen Weibchen, darüber die Männchen. Das hat man schon bei vielen Reptilien beobachtet.

Die Kleinen haben so viele Feinde, dass nur ein Bruchteil davon das Erwachsenenalter erreicht.

Und auch dann gibt es keine Sicherheit. Überall werden sie wegen ihrer Haut stark verfolgt.

Und der Mensch nimmt ihnen permanent Teile ihres Lebensraumes. Ohne die vielen Krokodilfarmen, wo diese Panzerechsen zur Gewinnung ihrer Haut gezüchtet werden, sähe es für ihr Überleben noch viel schlimmer aus. Diese Farmen nehmen von den wildlebenden Beständen doch einiges an Druck weg. Immerhin sind hier die Häute leichter zu gewinnen. Trotzdem blutet mir das Herz, wenn ich die Filme sehe, wo in den Farmen die Krokodile geschlachtet werden.

Bitte recht freundlich

Von wegen Killer

Besser lebend wie als Handtasche

Elke mit Netzpython

Doch nicht so bissig

Netzpython

Diese wunderschöne Riesenschlange hat unter vielen Terrarianern einen schlechten Ruf, da die Mehr-
zahl von ihnen einen sehr reizbaren Charakter hat,
und gerne einmal zubeißen. Ich habe auch schon
einzelne Individuen erlebt, die absolut friedlich waren und sich problemlos auf den Arm nehmen lie-
ßen.

Auch Riesenschlangen sind keine rein Instinkt gesteuerte Monster, die keine Gefühle haben. Unter solchen Vorurteilen haben leider alle Schlangen zu leiden.

Vor einiger Zeit haben sich einige Zoologen die Pythons vorgenommen und den Netzpython und einige andere Arten um ihren Namen gebracht. Statt Python reticulatus heißt sie jetzt Malayopython reticulatus. Statt sich um solche Kinkerlitzchen sollte man sich lieber um die Erhaltung der bedrohten Arten kümmern.

Dieser gewaltige Python erreicht Längen um die zehn Meter bei einem Gewicht von über 200 kg. Vereinzelt sind ihm auch schon Menschen zum Opfer gefallen, doch sollte man solche Vorkommnisse in einer vernünftigen Relation sehen. Wird das Kind eines Terrarianers von einer Riesenschlange getötet, gibt es einen weltweiten Wirbel im Blätterwald. Werden zehn Kinder von Hunden getötet, regt das keinen auf. Tier ist scheinbar nicht Tier.

Vor wenigen Jahren ging das Bild eines angeblich von einem Netzpython verschlungenen Menschen durch die Informationskanäle. Bei genauer Betrachtung wurde das Bild als eine Fälschung entlarvt.

Ein lebender Mensch hatte sich in den Leib einer aufgeschnittenen Python gelegt. Solche Fälschungen werden aber gerne geglaubt.

Ganz anders sieht es jedoch mit der Bedrohung des Netzpythons durch den Menschen aus. Jährlich werden Hunderttausende Häute von diesen Riesenschlangen exportiert.

Bei den Fellen von Raubkatzen und Robben laufen unsere „Tierschützer" Sturm, bei Reptilien und gar Schlangen hält sich deren Entrüstung jedoch in Grenzen. Und das, obwohl die meisten Pythons bestialisch abgeschlachtet werden.

Der Netzpython hat ein riesiges Verbreitungsgebiet, welches sich von Bangladesch, Nordostindien, Malaysia, Indonesien bis zu den Philippinen erstreckt.

Durch die Urbarmachung seines Lebensraumes und die tausendfachen Morde zur Ledergewinnung ist auch dieses prächtige Reptil in Gefahr.

Orang Uta

Diese Menschenaffen sind die größten auf Bäumen lebenden Säugetiere der Erde. Mehr wie alle anderen Primaten sind sie auf das Leben in den Baumkronen des Regenwaldes angepasst.

Sie leben lediglich auf den Inseln Borneo und Sumatra, wo ihre Anzahl von Jahr zu Jahr schrumpft. Durch die gewaltige Abholzung der Regenwälder sind sie akut vom Aussterben bedroht. Die Europäische Union hat sich der Förderung des Biotreibstoffes verschrieben, also werden weltweit die Urwälder gerodet, um die Pflanzen dafür anzubauen. Alles Öko!

Der Orang Uta kann bis zu 100 Kilogramm schwer werden. Seinen Untergang werden wir wahrscheinlich schon in wenigen Jahrzehnten verbuchen.

Rotbauch Unke

Die Rotbauchunke wird auch Tieflandunke genannt, da sie im Gegensatz zur Gelbbauchunke mehr im Flachland im Norden und Osten von Deutschland vorkommt. Dabei ist die namensgebende Bauchfärbung keineswegs ein sicheres Unterscheidungsmerkmal zur Gelbbauchunke. Allerdings ist die Bauchfärbung bei der Rotbauchunke deutlich dunkler und mit kleinen Warzen bedeckt.

Den Sommer über leben die Tiere in warmen Gewässern, wo man abends und nachts ihre melodischen Rufe hören kann. Den Winter verbringen sie in Erdhöhlen an Land, wo sie in eine tiefe Starre verfallen.

Ihr Hautsekret kann nach dem Anfassen zu unangenehmen Reizungen der Schleimhäute führen. Davor warnen die Unken durch eine sogenannte Kahnstellung.

Dabei wird der Körper durchgebogen damit die auffällige Bauchfärbung zu sehen ist. Dadurch soll Fressfeinden signalisiert werden, lass mich in Ruhe, ich bin giftig.

Als Terrarientier bereitet die Rotbauchunke viel Vergnügen. Schnell gewöhnt sie sich an den Pfleger und bettelt ungestüm um Futter.

Wie alle deutschen Amphibien steht sie unter Artenschutz und ist durch den Verlust ihrer Lebensräume stark gefährdet.

Schlammpeitzger

Diese hochinteressante Schmerlenart war während meiner Kindheit noch weit verbreitet. Mittlerweile ist er stark gefährdet. Durch die Möglichkeit, über den Darm zu atmen, übersteht er selbst zeitweises Austrocknen seines Wohngewässers. Dazu nehmen sie mit dem Maul Luft auf, die sie anschließend durch den Darm pressen.

Das ist durch den stark durchbluteten Enddarm, der dann zeitweise als Lunge „missbraucht" wird möglich. Selbst kurze Landwanderungen bei nassem Wetter sind dadurch möglich. So kann er auch neue Gewässer für sich erschließen.

Im Durchschnitt wird er bis 25 Zentimeter lang. Jedoch habe ich schon welche aus Brackwasserbereichen gesehen, die bis 35 Zentimeter lang waren. Diese sind sogar über Artgenossen hergefallen. Die Schlammpeitzger aus dem Süßwasser ernähren sich jedoch von Muscheln, Schnecken und Insekten, die im Gewässergrund vorkommen.

Sie sind auf das Leben in stehenden Kleingewässern spezialisiert, allerdings konnte ich in meiner Kindheit ein großes Vorkommen in einem kleinen Bach beobachten. Dieses ist leider erloschen.

Tagsüber vergraben sie sich im Schlamm und gehen in der Dämmerung auf Nahrungssuche.

Die Laichzeit dauert von April bis Juni, während derer die Weibchen bis zu 150000 Eier ablegen. Durch äußere Kiemenfäden sind die Larven in der Lage, auch bei geringstem Sauerstoffgehalt des Wassers zu überleben.

Trotz dieser sehr spezialisierten Lebensweise und einem möglichen Alter von bis zu 22 Jahren sind sie durch den Verlust an geeigneten Gewässern sehr stark bedroht.

Schmetterlinge

Im Gegensatz zu so mancher vorher genannten Tierart erfreuen sich Schmetterlinge allgemeiner Sympathie. Aufgrund ihrer zum Teil wunderschönen Farben und ihres spielerischen Fluges finden sie begeisterte Zustimmung.

Das hilft ihnen jedoch auch nicht, seit Jahren gehen die Bestände rasant zurück. Dabei hatten sie aufgrund ihrer Anpassungsfähigkeit sehr viele unterschiedliche Lebensräume erobert.

Mit ihrem langen Saugrüssel sind sie in der Lage, Nektar aus den tiefsten Blütenkelchen zu saugen. Dabei kommen sie zwangsläufig mit den Pollen in Berührung und bestäuben dadurch die Pflanzen.

Durch die Intensivierung der Landwirtschaft ging ihre Zahl permanent zurück. Die Schmetterlinge finden nicht mehr genug Blüten und ihre Raupen keine Wirtspflanzen mehr.

Dabei bleiben die Schmetterlinge nicht alleine mit ihrem Schicksal, alle Insekten werden immer seltener. Dadurch finden die Vögel und Hornissen keine Nahrung mehr, die Natur wird schnell immer ärmer.

Spitzmaulnashorn

Diese Nashornart ist noch stärker vom Aussterben bedroht wie das Breitmaulnashorn. Durch die Wilderei wurde es um unglaubliche 96 Prozent dezimiert.

Es ist etwas kleiner wie sein Verwandter, das Breitmaulnashorn. Seinen Namen hat es von einem spitzen Greiffortsatz an der Oberlippe. Das ist eine Anpassung an seine bevorzugte Nahrung, Zweige und Blätter.

Von der umfangreichen Familie der Nashörner sind nur noch fünf Arten übrig geblieben, und auch das nur auf Zeit. Das sind Spitzmaulnashorn, Breitmaulnashorn, Java-Nashorn, Panzernashorn und Sumatra-Nashorn. Die Bedrohungslage ist bei den einzelnen Arten unterschiedlich, richtig gut geht es keiner einzigen Art.

Wenn wir uns verdeutlichen, das in Südafrika pro Tag bis zu vier Nashörner gewildert werden, wird das ganze Ausmaß der Tragödie deutlich.

Bei einem Bestand von nur noch 5000 Tieren ist jedes getötete ein herber Verlust.

Alle Nashörner zeichnen sich durch einen massigen Körper, einen gedrungenen Hals und einen mächtigen Kopf aus. Die Kopf-Rumpflänge von Spitzmaulnashörnern beträgt bis zu 380 Zentimetern und die Schulterhöhe bis zu 170 Zentimeter. Sie können bis zu 1300 Kilogramm wiegen.

Die Spitzmaulnashörner haben zwei hintereinander angeordnete Hörner. Das vordere Horn sitzt auf der Nase, ist normalerweise das größere und wird etwa 130 Zentimeter lang.

Wenn auch die Augen erschreckend schwach sind, so ist das Geruchsempfinden sehr gut entwickelt. Sie können Artgenossen oder Gefahren über mehrere hundert Meter wittern.

Die Jungen werden nach einer Trächtigkeit von sechzehn Monaten geboren und wiegen etwa 45 Kilogramm. Sie werden dann etwa zwei Jahre gesäugt und bleiben bis zu fünf Jahren mit der Mutter zusammen. Die Tiere können ein Alter von 35 Jahren erreichen, wenn man sie lässt.

Vor gut hundert Jahren lebte noch ein Bestand von über 800000 Spitzmaulnashörnern in Afrika, nach wenigen Jahrzehnten waren es nur noch 5000.

Störe

Diese urzeitlichen Fische leben seit über 2000 Millionen Jahre auf der Erde und haben gewaltige Naturkatastrophen und Veränderungen überstanden. Lediglich der Mensch hat es die letzten Jahrzehnte geschafft, sie an den Rand des Aussterbens zu bringen. Sie lebten schon vor den Dinosauriern auf der Erde und brauchten ihr Aussehen in dieser gewaltigen Zeitspanne nicht zu verändern.

Diese großen Süßwasserfische können nach alten Angaben bis zu acht Meter lang werden, bei einem Gewicht von drei Tonnen. Solche Größen werden heute nicht mehr erreicht. Dank seiner ruhigen und fast bedächtigen Lebensweise können sie ein Alter von 150 Jahren erreichen.

Da die Europäischen Störe Wanderer zwischen Meer und Süßwasser sind, hat ihnen die Verbauung der Flüsse den Garaus gemacht. Unsere Störe laichen in den Flüssen ab und wandern dann ins Meer. Damit teilten sie dann das Schicksal mit den Lachsen, die ebenfalls zum Laichen in die Flüsse ziehen. Für die Störe war die Verbauung der Flüsse noch schlimmer, da sie wesentlich massiger wie die Lachse sind.

Die weiblichen Störe laichen wie die Lachse in den kiesigen Bereichen der Flüsse ab, wo der Sauerstoffgehalt recht hoch ist. Innerhalb von zwei Jahren wandern die Jungen Richtung Meer, wo sie die nächsten 15 Jahre bleiben und gewaltig an Größe zulegen.

Danach wandern sie wieder zu ihrem Geburtsort, um hier abzulaichen. Anders wie die Aale können sie diese Reise in ihrem Leben mehrmals wiederholen.

Nachdem sie in Deutschland Jahrzehnte lang als ausgestorben galten, werden sie jetzt vermehrt gezüchtet und wieder in den Flüssen ausgesetzt.

Bleibt zu hoffen, dass diese Bemühungen von Erfolg gekrönt sind und dieser urzeitliche Fisch erhalten bleibt.

Uhu

Mit einer Spannweite von 170 Zentimeter und einer Größe von fast achtzig Zentimetern ist der Uhu
unsere mit Abstand größte Eulenart. Bis vor wenigen Jahren sah es um seinen Bestand noch sehr
traurig aus. Glücklicherweise haben sich die Bestände wieder gut erholt, hoffen wir, dass es so bleibt.

Dieser König der Nacht jagt alles, was er bewältigen kann. Dabei reichen seine Beute von kleineren Säugetieren bis zur Größe von Igeln, Hasen, Katzen und Rehkitzen sowie mittelgroße Vögel (Krähen, Habicht, Reiher und alle kleineren Eulen).

Auffallend sind die orangegelben Augen und die Federbüschel über den Ohren.

Seine zwei bis fünf Eier legt das Weibchen bevorzugt in einem Nest an Felswänden ab. Die letzten Jahre wurden auch immer mehr Nester aus Scheunen und verlassenen Greifvogelhorsten bekannt.

Aus der Gefangenschaftshaltung ist ein Alter bis zu sechzig Jahren bekannt, in der Natur ist das deutlich kürzer.

Wale

Noch im letzten Jahrhundert gab es eine regelrechte weltweit handelnde Walfangindustrie, welche zehntausende von Walen jährlich verarbeitete. Nach dem Ende des gut zweihundert Jahre dauernden Massakers blieben von den Großwalen nur noch kümmerliche Restbestände. Einige Arten haben sich in der Zwischenzeit etwas erholt, bei einigen sieht es jedoch noch kritisch aus.

Jedes Jahr stranden eine Menge Wale an flachen Küstengewässern und kommen dabei ums Leben. Die Ursachen sind noch nicht erforscht, vermutlich ist es ein ganzes Bündel an Ursachen. Gerade die gestrandeten Wale an den Nordseeküsten könnten ein Opfer der Offshore Windkraftanlagen sein. Diese beeinflussen vermutlich das Navigationssystem der Meeressäuger. Das erklärt jedoch nicht die gestrandeten Wale in Australien und anderen Küsten. Wie die Luft, so ist auch das Wasser der Weltmeere von vielfältigen Schall und Funkwellen menschlichen Ursprunges durchzogen. Welche Auswirkung-en diese Signale auf das Ortungssystem der Tiere haben, ist noch nicht im Ansatz erforscht.

Der größte Wal ist der Blauwal mit einer Länge von über dreißig Metern und einem Gewicht von gut zweihundert Tonnen. Damit ist er das größte Tier, das jemals auf der Erde gelebt hat. Um diesen gewaltigen Körper zu ernähren, braucht er pro Tag dreieinhalb Tonnen Futter. Und das ist keineswegs in erster Linie Fisch, sondern überwiegend Plankton und Krill.

Und da liegt auch die Hauptbedrohung für die Zukunft der Wale.

Vor 125000 Jahren endete die letzte Warmzeit der Erde und das Wasser kühlte ab. In der Folge erhöhte sich das Nahrungsangebot der Weltmeere und gerade Plankton und Krill vermehrten sich explosionsartig. Die Wale hatten plötzlich ein wesentlich größeres Nahrungsangebot und wurden immer größer. Mit der nächsten Warmzeit, die wir vielleicht gerade spüren, wird das Nahrungsangebot für die Wale wieder deutlich schrumpfen. Werden sie dann wieder kleiner, oder sterben die großen Arten in der Folge aus?

Waschbär

Waschbär

Mit dem Waschbären beschreibe ich ein Tier, welches bei uns leider nicht gefährdet ist. Seit etwa
hundert Jahren ist diese Pest über uns hereingebro-
chen, und die Ausbreitung kennt leider keine Grenzen.

Es wurde aller höchste Zeit, dass die EU diesen extrem schädlichen Invasoren auf die Liste der zu bekämpfenden fremden Arten gesetzt hat. Als seit Jahrzehnten aktiver Tier- und Artenschützer sind mir die gravierenden Folgen durch den Waschbären bestens bekannt. Vogelnester werden zu Zehntausenden geplündert und unzählige Tiere in ihrem Bestand bedroht.

Flusskrebse und Europäische Sumpfschildkröte haben wie viele andere Arten keine Überlebenschance, wenn der Waschbär sich weiter ausbreitet. Auch der Kranich wird als Bodenbrüter sehr schnell bedroht sein. Das Obstbäume und andere Kulturpflanzen geplündert werden, scheint die Freunde des Waschbären nicht zu jucken. Die Schäden an Gebäuden ohne hin nicht, solange es nicht Ihre Gebäude sind. Wie kann sich jemand Tierschutzverein oder Tierfreundlich nennen, wenn ihm die Wildtiere anscheinend vollkommen egal sind. Auch die nicht so possierlichen Arten sind Tiere, aber vielen anscheinend nicht schützenswert genug. Wenn dann auch noch jung aufgefundene Waschbären aufgepäppelt und wieder ausgewildert werden, ist das eine strafbare Handlung. Wie das Herunterspielen gesundheitlicher Risiken durch Waschbären zu bewerten ist, überlasse ich dem Leser.

Der Waschbär gehört mindestens genau so rigoros bekämpft wie die Wanderratte. Genau genommen noch stärker. Die Wanderratte vermehrt sich nur durch unvernünftiges Verhalten der Menschen so stark. Der Waschbär schafft das auch alleine. In dem Buch (Invasion aus unserer Welt) sind die Probleme mit vielen Neubürgern detailliert beschrieben.

Im Herkunftsland des Waschbären wird er ebenfalls immer stärker zum Problem. Da er als Pelztier kaum noch eine Rolle spielt, wird er nicht mehr genügend bejagt. Als Kulturfolger vermehrt er sich jedoch extrem stärker, wie unter natürlichen Bedingungen. Dadurch wird er in seinem Heimatland mittlerweile als Pest auf vier Beinen angesehen.

Mit einer Körperlänge von bis zu 71 Zentimetern und einem Gewicht bis zu neun Kilogramm stellt er für viele einheimischen Tierarten eine enorme Gefahr dar.

Da sich die Reviere der Waschbären, anders wie bei einheimischen Raubtieren, überschneiden können, ist auch bei starkem Besatz keine Regulierung gegeben.

Wendehals

Dieser kleine Specht entspricht weder im Aussehen noch im Verhalten den Vorstellungen von einem typischen Specht. Weder zimmert er sich seine Bruthöhlen selber, noch sucht er sich seine Beute in morschen Bäumen.

Mit siebzehn Zentimeter Länge ist er auch deutlich kleiner wie die meisten einheimischen Spechte. Mit dem Grünspecht hat er allerdings die Hauptnahrung (Ameisen) gemeinsam.

Durch sein Tarnkleid ist er hervorragend getarnt, aber an seinem Reviergesang (gjä-gjä-gjä-gjä-gjä) unverwechselbar zu erkennen.

In Streuobstwiesen und größeren Gärten kann man ihn ab Mai durch seine Rufe erkennen. Hier brütet er bevorzugt in Nisthilfen, wenn möglich auch in Höhlen morscher Bäume.

Als einziger Specht fliegt er im Herbst nach Afrika, wo er die kalte Jahreszeit verbringt.

Gefährdet ist er in erster Linie durch den Waschbären, der seine Nester ausräumt oder die Nisthilfen zu Boden wirft.

Wiesel

Wenn auch die Wiesel als nicht gefährdet eingestuft werden, gehen die Bestände zum Teil dramatisch zurück.

In Deutschland leben das Mauswiesel und das Hermelin. Während das Mauswiesel nur ein kurzes Stummelschwänzchen hat, ist der Schwanz des Hermelins oder großen Wiesels deutlich länger und hat eine schwarze Spitze.

Das männliche Hermelin wird bis zu 40 Zentimeter lang bei einem Gewicht von fast 400 Gramm. Die Weibchen sind etwa ein Drittel kleiner.

Das Mauswiesel ist deutlich kleiner und wechselt im Winter nicht die Farbe. Das Hermelin ist das einzige Tier, das mit dem Fell auch den Namen wechselt. Im Sommer ist es das große Wiesel und braun, im Winter das Hermelin und weiß.

Die Wiesel bevorzugen Lebensräume, die ihnen ausreichend Deckung bieten. Die Liste ihrer Feinde ist leider sehr lang. Dazu zählen Katzen, Greifvögel, Füchse, der Luchs und natürlich der Mensch.

Während die meisten Jäger die Wiesel mittlerweile in Ruhe lassen, sind die Kleintierzüchter erbitterte Feinde der Wiesel. Würden die Ihre Gehege vernünftig sichern, bräuchten sie auch keine Angst vor Wieseln zu haben. Da die Füchse die letzten Jahre gewaltig zugenommen haben, erbeuten sie auch immer mehr Wiesel. Gerade dadurch sind mancherorts die Wieselbestände dramatisch eingebrochen.

Im späten Frühling paaren sich die Wiesel, das Hermelin bringt nach einer langen Keimruhe seine Jungen erst im nächsten Jahr zur Welt.

Während das Mauswiesel fast ausschließlich Mäuse erbeutet, hat das Hermelin ein großes Beutespektrum. Es frisst von Mäusen, Vögeln, Eidechsen bis zu Kaninchen und selten sogar Feldhasen, alles was es überwältigen kann.

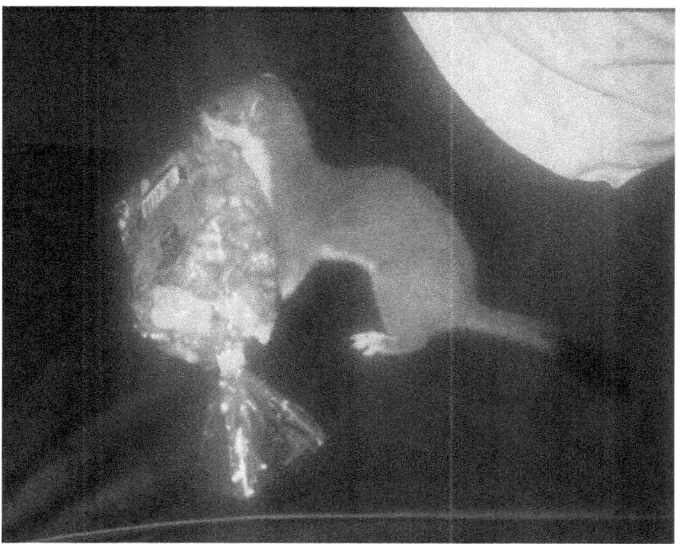

Susi

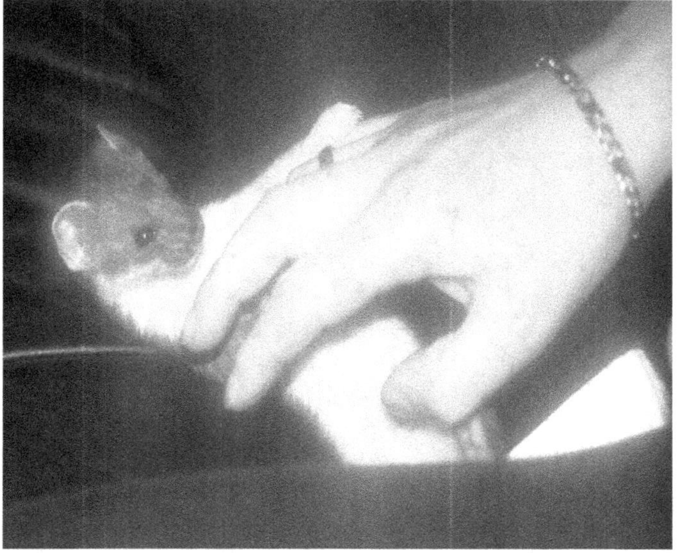

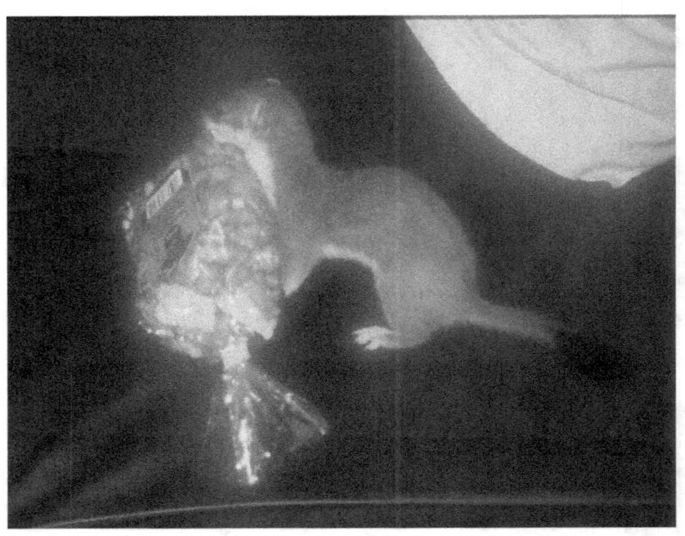

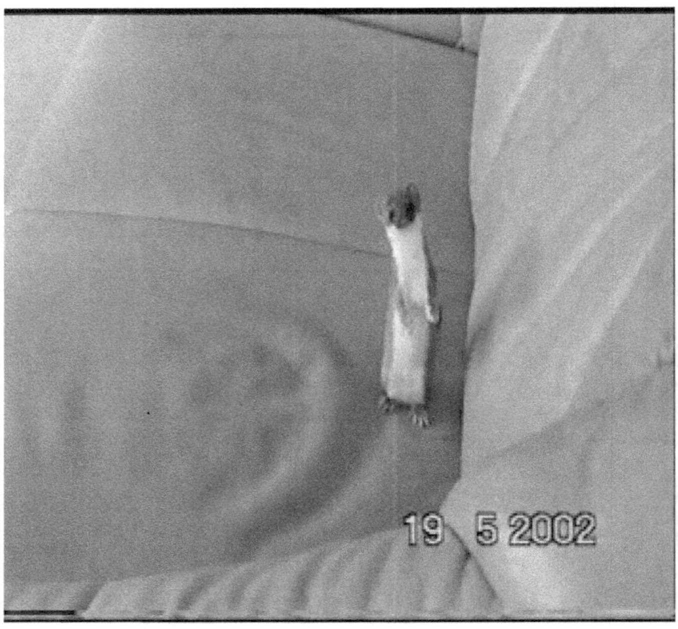

Ein ungewöhnliches Wiesel

„Susi"
Durch einen Zufall mussten wir vor vielen Jahren ein junges Hermelin aufziehen.

Das hat für über ein Jahrzehnt unser Leben geprägt.

Diese zwölf Jahre mit diesem Hermelin gaben mir durch die enge Bindung mit ihm ganz unerwartete Einblicke in das Wesen von Tieren. Susi hieß die Wiseldame, und sie hatte uns von Anfang an in ihren Bann geschlagen. Sie vermochte jeden, der sie sah, um den Finger zu wickeln. Sie musste natürlich in jeden Urlaub mit, wo sie auch hin kam, sie war der Star.

Die ungewöhnlichen Erfahrungen mit diesem kleinen Raubtier möchte ich hier schildern, da sie eine für mich völlig neue Sicht auf die Tiere eröffnen.

Nun komme ich zum heikelsten Thema bei der Beschreibung von Susi. Die meisten Halter von Haustieren neigen dazu, ihre Pfleglinge zu vermenschlichen. Natürlich waren auch wir vor diesem Verhalten nicht gefeit.

Daher versuche ich Verhaltensweisen aufzuzeigen, in denen Susi von dem Normalverhalten eines Tieres abwich.

Was ist überhaupt das Normalverhalten von Menschen und Tieren?

Um in der Natur überleben zu können, muss das Verhalten auf die Umwelt und den Nahrungserwerb abgestimmt sein. Weiterhin ist die Feindvermeidung ein wesentlicher Teil im Verhalten eines Tieres um im Überlebenskampf bestehen zu können. Dazu kommen noch einige Verhaltensweisen, welche wir nicht ohne weiteres den oben genannten Punkten zuordnen können. Bei fast allen Säugetieren kommt als zusätzliche Verhaltensweise das Spielen hinzu und es ist nicht eindeutig zu klären, welchen Zweck es erfüllt. Als einfaches lernen durch Spielen kommt es meines Erachtens nicht in Betracht, da es auch bei erwachsenen bis zu alten Tieren täglich vorkommt. Auch die Begründung, es sei ein Training für die Jagd, trifft nicht zu, wird es doch auch von großen Pflanzenfressern wie den Hirschen täglich praktiziert.

Vermutlich ist das Seelenleben der Tiere wesentlich komplexer als sich das die Verhaltensforschung vorstellt.

Wenn wir uns auch nicht direkt mit ihr unterhalten konnten, hat sie uns sehr gut verstanden und wir konnten aus ihrem Verhalten und ihrer Gestik sehr viel herauslesen. Sie hat uns buchstäblich die Augen geöffnet über das Seelenleben der Tiere im Allgemeinen und ihres im Besonderen.

Viele, die diese Sätze lesen, werden sagen, jetzt spinnt er endgültig. Vor den zwölf Jahren mit Susi hätte ich genau so reagiert. Selbst mit einem Hund habe ich nicht annähernd einen ähnlichen Dialog auf Gefühlsebene erlebt oder beobachtet. Durch diese Schilderung begebe ich mich in die Gefahr als Spinner oder Fantast angesehen zu werden und Leser die meine früheren Berichte in Fachzeitschriften gelesen haben, werden mich nicht wieder erkennen.

Jahrelang habe ich versucht von solchen Ansichten frei zu bleiben, die Elke schon am Anfang der Zeit mit Susi hatte. Aber selbst bei nüchterner Betrachtungsweise war ich im Laufe der Jahre bei dem Wiesel ratlos. Alles bis dahin von mir Vertretene über das Verhalten der Tiere löste sich in Luft auf. Heute bin ich der Überzeugung, dass die ungewöhnliche Bindung zwischen uns zu einer ungewöhnlichen Entwicklung bei Susi führte.

Susi reagierte sensibel auf jede Abweichung im Tagesablauf und wir mussten ihr jede Veränderung genau erklären. Beispielsweise musste ich jede zweite Woche einen Tag länger arbeiten und wir kamen infolgedessen etwa zwei Stunden später nach Hause.

Geschah so etwas unerwartet für Susi, hat sie aus lauter Panik ihren Käfig auf den Kopf gestellt und war sichtlich verzweifelt. Daher mussten wir ihr morgens vor dem Wegfahren genau und deutlich erklären, „wir kommen heute später nach Hause, du musst dir keine Sorgen machen", und schon konnte Wieselchen beruhigt durchschlafen.
Am liebsten hat Elke sie dazu in die Hand genommen, sie sich vor das Gesicht gehalten und ihr alles ausführlich erklärt.

Das klingt sehr unwahrscheinlich, aber wir haben es über zwölf Jahre erlebt und können versichern, dass es keine Einbildung war. Überhaupt reagierte sie beeindruckend auf Worte und Erklärungen. Ob es der Tonfall der Stimme war oder sie sich bestimmte, immer wiederkehrende Worte merken konnte, kann ich nicht beurteilen. Viele Halter von Hunden und anderen Haustieren behaupten von ihrem Pflegling „der hört aufs Wort".

Dabei müssen wir davon ausgehen, dass Befehle und Aufforderungen von den Tieren gelernt werden und das Verstehen wörtlich zu nehmen ist.

Unser Sprechen und Verstehen ist ja eigentlich auch nur antrainiert und zumindest das Verstehen müssen wir den Tieren zu einem gewissen Maß zugestehen. Oft mussten wir Susi etwas erklären, damit sie sich auf bestimmte Ereignisse vorbereiten konnte.
Wir hatten nie einen Zweifel, dass Susi uns genau verstand und sie hat meistens auch entsprechend reagiert.
Was sie aber nie beeindruckt hat, war Müdigkeit oder Lustlosigkeit unsererseits. Da war sie gnadenlos, wir mussten für sie da sein.

Andererseits hat sie Schmerzen oder Verletzungen bei uns sofort erkannt und hat uns getröstet oder behandelt (versucht die Wunde zu lecken).
Natürlich war auch Wieselchen nicht immer gut drauf, auch sie hatte ihre Höhen und Tiefen. Aber insgesamt hatte sie ein sonniges Gemüt und hat eher uns getröstet als dass wir sie trösten mussten.
Der wichtigste Bestandteil ihres Wohlbefindens war ein enger Kontakt zu uns und das Spüren unserer Haut.

Wenn sie sich abends an uns schmiegen konnte, war ihre kleine Welt in Ordnung.

Haben wir mit ihr gespielt und sie war dabei richtig glücklich, ließ sie ein typisches Trillern hören.

Für ein Tier welches im normalen Leben ein strenger Einzelgänger ist und einen Geschlechtspartner nur ganz kurze Zeit bei sich duldet ist dieses Verhalten gar nicht zu erklären. Von Wieseln werden selbst die eigenen Jungen nur für ein paar Wochen geduldet und dann sofort verjagt. Schon alleine zur Bestätigung dieses außergewöhnlichen Verhaltens müssten wir eigentlich noch einmal ein großes Wiesel pflegen, jedoch ist mir die Gefahr viel zu groß einem wundervollen Tier Leid zuzufügen wenn der Versuch misslingt und das Wiesel sich nicht eingewöhnt. Ob wir es dann wieder Auswildern könnten wage ich zu bezweifeln.

Dieser Bericht über das Wiesel Susi soll zum Verständnis für diese kleinen Marder beitragen. Keinesfalls soll er zur Nachahmung anregen. Diese Geschichte lässt sich nicht wiederholen.

(Ausschnitt aus dem Buch „Susi oder eine Hand voll Glück")

Jahrzehntelang wurden die Wiesel von den Jägern erbarmungslos verfolgt. Es wurde für den Niedergang des Niederwildes wie Feldhase, Rebhuhn und Fasan verantwortlich gemacht.

Trotz dieser intensiven Bejagung blieben die Bestände der Wiesel in dieser Zeit recht stabil. Durch die Intensivierung der Landwirtschaft und der Beseitigung der Feldgehölze setzte der Niedergang der Wiesel wie auch des Niederwildes sehr schnell ein. Vom Boden (Katze und Fuchs) wie auch aus der Luft (Raubvögel) waren die Tiere ihren Feinden hilflos ausgeliefert.

Wüstenelefant und Junges

Wie lange wird es sie noch geben?

Wüstenelefant

Bei unserer letzten Reise nach Namibia konnten wir auch die sagenumwobenen Wüstenelefanten beobachten. Eigentlich ist es unvorstellbar, dass so riesige Tiere in der Wüste überleben können.

Hier können sie nur überleben, indem sie große Wanderungen zu den Trockenflusstälern unternehmen. Diese besitzen ein unterirdisches Wassersystem, welches einer begrenzten Vielzahl von Pflanzen und Tieren das Überleben ermöglicht.

Dabei sind die großen Wanderungen unerlässlich, um die einzelnen Stellen nicht zu sehr zu beanspruchen.

Wenn die jährlichen Regenfälle einmal ausfallen, sind auch die Wüstenelefanten in Gefahr. Denn auch die unterirdischen Wasserquellen müssen sich wieder auffüllen können. Die Elefanten wittern das unterirdische Wasser und graben tiefe Löscher, um zu trinken.

Davon profitieren auch andere Tiere, indem sie an den gegrabenen Löchern trinken können.

Zur Zeit ist die menschliche Bevölkerungsdichte in Namibia noch überschaubar. Sollte sich dieses in der Zukunft ändern, wird es auch für die Wüsten-elefanten und andere Tiere eng. Die Menschen sind als schlechte Haushalter mit dem Wasser bekannt. Werden immer mehr und tiefere Brunnen gebohrt, werden auch die Trockenflusstäler kein Wasser mehr führen. Dann ist es mit den Wüstenelefanten vorbei.

Nachwort

Diese Auswahl an Tierarten und ihrer Gefährdung macht deutlich, wie kritisch die Situation für viele Wildtiere inzwischen ist. Nur noch durch ein schnelles Gegensteuern lassen sich noch einige davon retten. Da dies jedoch bei etlichen Arten nur durch internationale Zusammenarbeit möglich ist, sind die Aussichten trübe.

In Mitteleuropa sind besonders der Lebensraumverlust und die ständig zunehmende Zahl an Invasoren eine wachsende Bedrohung für die Wildtiere.

Wenn dann jemand wie Ragnar Kinzelbach solche Behauptungen wie die eingefügte von sich gibt, wird die Haltung mancher „Tierfreunde" extrem fragwürdig.

„Wegen der Neozoen - der Neuankömmlinge also - ist noch keine Art erloschen", sagte der Rostocker Zoologe Ragnar Kinzelbach auf einer wissenschaftlichen Tagung des Müritz-Nationalparks in Hohenzieritz (Mecklenburg-Strelitz).

Was diesen Herren dazu getrieben hat, ist mir rätselhaft. Sprechen doch die Erfahrungen der Artenschützer weltweit eine ganz andere Sprache.

Allerdings hat er vielleicht in sehr geistiger Weise recht, noch nicht erloschen, aber nahe daran. Immerhin ist eine Tierart, welche durch die Verfolgung durch eingeschleppte Arten fast ausgestorben ist, noch nicht ausgestorben. Durch solche Spitzfindigkeiten gewinnt vielleicht ein windiger Anwalt einen Prozess, den Tieren hilft es nicht.

Damit ist seine Aussage die Vertuschung einer Gefahr für viele Tierarten Weltweit.

Nach aktuellen Schätzungen waren bei 54 % aller Artensterben Neobiota (eingedrungene Arten) die Hauptursache. Als aktuelles Beispiel haben wir gerade die Insel Guam. Hier hat die eingeschleppte Braune Nachtbaumnatter zehn der zwölf heimischen Vogelarten vernichtet.

Wildtiere in Gefahr

129

Wildtiere in Gefahr

Kurt Orth

Über den Autor

Kurt Orth, geboren am 21.01.1949, verheiratet seit 1974, lebt mit seiner Familie in Hessen. Bereits in seiner Kindheit liebte er Tiere über alles und verbrachte seine Zeit zum Leidwesen der Eltern vorwiegend in den Wäldern des Vogelsberges. Nach Berufsausbildungen im Bäcker- und Konditorhandwerk und später im Kaufmännischen Bereich war er seit 1993 als Systembetreuer tätig, nun genießt er seinen Ruhestand. Er hält und züchtet hobbymäßig seit über 40 Jahren Reptilien und Amphibien und schrieb darüber bereits eine ganze Anzahl Berichte in Fachzeitschriften, welche zum Teil in mehreren Sprachen veröffentlicht wurden.

In seinem ersten Buch setzte er dem unglaublichen Wiesel Susi ein Denkmal (Susi oder eine Hand voll Glück)

In seinem zweiten Buch möchte er der Natur und ihren Tieren ein bleibendes Denkmal setzen und die Erinnerung an unwiederbringlich Verlorenes wach halten. (Verlorene Vielfalt)

In seinem dritten Buch beschreibt er die größte Europäische Schlange, die Vierstreifennatter. (Die Vierstreifennatter)

Das vierte Buch behandelt die brisante Problematik mit eingeschleppten oder selbstständig eingewanderten Tier- und Pflanzenarten. (Invasion aus unserer Welt)

Das fünfte Buch handelt von seinen Reisen in die Lebensräume der Tiere (Tierisches Reisefieber).

Das sechste Buch beschreibt seine langjährigen Erfahrungen mit der Kreuzotter. (Mein Leben mit der Kreuzotter)

Das siebende Buch beschreibt die Schlangen Europas und enthält Ansätze zu ihrem Schutz (Die Schlangen Europas und ihr Schutz).

Das achte Buch behandelt die Probleme des Artenschutzes. (Artenschutz in der Sackgasse)

Das neunte Buch schildert sein Leben, welches durch seine Liebe zu den Tieren geprägt wurde. (Tiere, mein Leben)

Das zehnte Buch beschreibt die Konflikte der Jäger mit einer veränderten Gesellschaft. (Jagd mit den Augen eines Nichtjägers)

In seinem elften Buch stellt er die Haltung der Kreuzotter im Freilandterrarium vor. (Die Kreuzotter im Freilandterrarium)

kurtorth@kurtorth.de,

Tel. 06405/500206, Internetseite:

kurtorth.de

Danksagung:

Ich danke meiner Frau Elke für die Geduld bei meinen tierischen Ambi-tionen sowie bei der Hilfe zur Entstehung dieses Buches.

Kurt Orth